FRANCE ET ALGÉRIE

FRANCE ET ALGÉRIE

SOLUTIONS

de quelques-unes des questions à l'ordre du jour

PROPOSÉES PAR

T. F. A. JUILLET ST-LAGER

Ancien élève de l'Ecole polytechnique

ALGER

IMPRIMERIE TYPOGRAPHIQUE ET LIBRAIRIE DE JUILLET SAINT-LAGER

1871

Les lignes qui suivent, (1) ont été écrites à une époque où personne, pas plus parmi les adversaires que parmi les partisans et les soutiens du régime impérial, n'en pouvait prévoir la chute aussi honteuse que complète.

Nous les transcrivons ici uniquement pour répondre aux accusations des partisans de l'assimilation pure et complète, qui prétendent et voudraient faire croire que l'autonomie n'est pas autre chose qu'une séparation déguisée.

Parmi ceux-là, il ne faut pas oublier les assimilateurs qui ne tiennent à cette formule que dans l'espoir de satisfaire l'ambition de quelques personnages qui aspiraient à terminer leur carrière sur une chaise curule, en France.

Qu'aurons-nous besoin d'être représentés dans les assemblées souveraines de la métropole ? lorsque toutes nos affaires, tous nos intérêts seront traités dans notre congrès colonial, dans le parlement algérien

La voix des quelques représentants que l'on accorderait à l'Algérie, serait-elle écoutée, entendue même par leurs 750 collègues ? Aurait-elle jamais le poids et la valeur des délibérations d'un conseil colonial ? D'un parlement algérien,— nous répétons le mot,— chargé d'étudier, de préparer et de proposer les lois spéciales réclamées par nos besoins.

Comment l'autonomie serait-elle la séparation ! L'Angleterre, après avoir essayé les régimes d'exploitation coloniale adoptés par ses devancières, l'Espagne et la France, en est venue

---

(1) Desiderata.

à donner l'autonomie à toutes ses colonies, grandes et petites, afin tout justement d'éviter la séparation.

La séparation est chose fatale, lorsque la Métropole veut exploiter sa colonie uniquement à son profit : exemple la nouvelle Angleterre.

L'autonomie dissipe toute idée, tout péril de séparation; exemple le Canada qui, malgré les sollicitations des Etat-Unis, persiste à rester Anglais.

Voilà pourquoi nous réclamons et ne cesserons de réclamer l'autonomie pour la colonie algérienne.

Alger, avril 1871.

JUILLET St-LAGER.

I

DESIDERATA

Nous ne voulons pas tracer ici le tableau entier du présent et de l'avenir de l'Algérie, (1) à l'exemple d'un écrivain :

" Qui depuis..., mais alors... "

Nous n'invoquerons pas même ses critiques et ses opinions. D'ailleurs, il pourrait nous répondre qu'il a changé d'avis à l'endroit de l'Algérie, comme en bien d'autres choses.

Nous dirons simplement ce que nous pensons du présent, et ce que nous espérons pour l'avenir.

L'Algérie, telle qu'elle est constituée, offre un spectacle unique dans l'histoire :

" L'armement du peuple vaincu, en présence du con-
" quérant désarmé. "

Car, de quelque nom qu'on les appelle — *goum* ou *maggzen*, — les contingents arabes ne sont pas autre chose que la continuation du régime féodal adopté par les Turcs.

Nous avons la prétention de nous assimiler une population dont la législation, la religion et les mœurs sont ennemies de tout ce qui n'est pas fait à leur image ; et nous lui laissons tout, même sa constitution militaire !

Il est bien vrai que les agahs et les caïds sont nommés

---

(1) L'Algérie, ce qu'elle est, et ce qu'elle doit être.

par le gouverneur général, il est bien vrai encore que les agahs et les caïds sont subordonnés aux officiers français placés à la tête des bureaux arabes : mais pour qui les contingents sont-ils appelés à combattre ? Pour la France. Contre qui ? Contre leurs coreligionnaires. Cela pouvait être encore sous la domination des Turcs qui, du reste, ne voulant que dominer et percevoir des impôts, armaient les tribus les unes contre les autres. Pour eux tout moyen était bon ; mais pour nous !...

Peut-on espérer d'ailleurs que la voix de nos officiers sera mieux écoutée que celle des chefs indigènes ? lorsque l'intérêt et les passions des uns se trouveront en opposition avec l'intérêt et les passions des autres.

Combien d'exemples contraires pourraient être invoqués. Aussi, là où 6,000 hommes de milice turque suffisaient, il nous faut une armée de 60,000 hommes.

Le traité de la Tafna constitua la nationalité arabe au profit d'un chef, qui avait su grouper autour de lui un grand nombre de tribus. Cette faute nous a coûté vingt années de luttes incessantes. L'établissement d'un empire arabe ne coûterait pas moins cher. Puis, nous nous demandons à qui profiterait cet empire : ce n'est pas à la colonisation, assurément. — Ce n'est donc pas à la France.

Voilà où nous en sommes après QUARANTE ANS. — Pourquoi ?

Le duc d'Aumale a dit un jour, en présence de ses conseillers : " *Personne ne connait mieux les abus que celui* " *qui en profite. — Voilà pourquoi il est si difficile de les* " *déraciner.* "

Quels que soient le mérite et la portée d'un pareil aveu de la part d'un gouverneur général de l'Algérie, fils du roi qui régnait alors sur la France, les conseillers du prince auraient pu indiquer le remède :

" Frapper fort et hautement le fonctionnaire qui abuse : " et, si l'abus persiste, supprimer la fonction en changeant le système. "

Le peuple arabe est-il assimilable à la civilisation ? —

Nous nous garderons de résoudre une pareille question ; mais nous ne craignons pas d'affirmer que le système adopté et pratiqué jusqu'à présent ne l'y amènera jamais.

Toussenel, que nous sommes fier de compter au nombre de nos amis, et dont l'intelligence agrandit et élève toutes les questions qu'elle aborde, Toussenel s'exprimait ainsi :

" L'Arabe a dompté le cheval et le chameau, qui lui
" ont permis de faire la conquête du désert et d'y régner
" en souverain. — Aussi, Mahomet a dit à son peuple :
" Fais le désert autour de toi, et toute la terre t'appar-
" tiendra. L'Arabe a suivi et suit encore aujourd'hui
" l'ordre de son prophète : partout où il aborde, partout
" où il est, il fait le désert ; parce que seul il peut y
" vivre. "

Cela n'est que trop vrai ; chaque année cette manie dévastatrice se manisfeste par des sinistres, même aux abords des grands centres de population.

Voilà le peuple que l'on a la prétention de civiliser en le parquant, en l'isolant dans un cercle infranchissable à la colonisation. Voila l'empire arabe.

La capitulation d'Alger nous impose l'obligation de respecter les institutions civiles et religieuses des Arabes : sommes-nous tenus pour cela de sauvegarder et de conserver ces mêmes institutions, de les abriter du contact européen, parce que ce contact les modifierait et les transformerait.

Toute institution contraire aux lois de la nature, à la vérité et à la justice, présente un côté vulnérable qui permet au droit et à la raison de la pénétrer et de la dissoudre ; parce que le législateur, quoiqu'il en ait, et malgré qu'il doive se plier aux passions et aux habitudes de son peuple, est bien forcé de rendre hommage aux droits imprescriptibles de la nature et de la raison.

Qu'on nous permette de citer un fait à l'appui de cette

assertion ; il nous a été raconté, il y a longtemps, par un officier des bureaux arabes : Une femme indigène se présente à son tribunal pour protester contre l'intention, que lui avait notifiée son mari, de prendre une seconde femme. La plaignante fit valoir d'abord tout ce qu'aurait d'outrageant et de malheureux pour elle, l'avénement d'une femme plus jeune et qui lui serait préférée. Puis, elle invoqua d'autres motifs ; elle alla même un peu loin, paraît-il, surtout lorsqu'elle mit en opposition le jeune et bel officier, à qui la loi française ne permettait qu'une femme, et l'homme vieux et infirme qui voulait en avoir deux.

La loi musulmane, pense-t-on, lui en donnait le droit absolu : cependant le chef du bureau arabe mit sous les yeux de ses assesseurs l'œuvre d'un commentateur, faisant loi dans la secte algérienne, qui déclare que le mari ne peut prendre une nouvelle femme qu'avec le consentement de la dernière épousée. — Comme dans tous les cas embarrassants, le tribunal remit à huitaine. — Après l'audience, tous les assesseurs se réunirent aux caïds et aux cadis pour prier l'officier français de ne pas faire connaître ce commentaire de la loi :

" Nous ne serons plus les maîtres sous la tente, di-
" rent-ils, du jour où nous devrons obtenir le consente-
" ment de nos femmes pour en prendre une nouvelle. "

Le jeune chef se rendit à leurs supplications, mais en leur signifiant qu'ils eussent à agir sur le mari pour le faire renoncer au projet de donner une compagne à l'épouse qui n'en voulait pas. — " Nous ne pouvons pas transgresser
" la loi, " leur dit-il, et toutes les fois qu'une de vos
" femmes viendra l'invoquer, bien qu'elle l'ignore, je de-
" vrai l'appliquer. "

Ainsi fut fait.

La restriction invoquée par l'officier français se trouve-t-elle dans le Coran ? Nous l'ignorons. Mais, à coup sûr, le commentateur ne l'a pas introduite sans motifs dans l'interprétation qu'il en a donnée, et qui est devenue le code de tout une secte.

La loi musulmane est donc *perfectible*, elle aussi ? Qu'on l'étudie à ce point de vue, ainsi que l'avait fait l'officier qui se trouvait alors à la tête du bureau arabe dont il est question, et non pas dans le but de l'appliquer, quand même, à tous ceux qui voudraient s'en affranchir. (1) C'est ainsi qu'on parviendra à la modifier et à la transformer ; l'œuvre ne sera pas aussi difficile, aussi longue qu'on pourrait l'imaginer.

La population arabe de l'Algérie, n'est pas aussi considérable que celle de Paris, et elle est répartie sur un territoire aussi grand que la moitié de la France. Qu'on le suppose habité par une population plus nombreuse de colons européens ; chaque fraction, chaque tribu sera séparée de sa voisine par un groupe, dont les lois, les mœurs et les habitudes d'activité, d'ordre et de travail seront un exemple incessant placé sous ses yeux.

Les opprimés et les faibles reconnaîtront bien vite les causes de leur infériorité et de leur misère: et ils viendront réclamer notre appui et notre protection contre les forts et les oppresseurs.

Pour Dieu ! ne les repoussons pas.

Laissons chaque groupe indigène se gouverner et s'administrer à sa façon si bon lui semble ; mais, parce qu'il n'y a pas un seul arabe qui ne préfère la juridiction de nos tribunaux à celle de leurs magistrats, il est de notre devoir et de notre intérêt de leur en rendre l'accès facile ; il est également urgent que la loi se mette d'accord avec notre droit et nos vues sur l'avenir de la colonie.

Noyer la population indigène dans une population européenne plus dense et plus compacte : voilà notre objectif.

Quels moyens devons-nous employer ?

On vient de découvrir une distinction à faire entre colonisation et immigration. " Celle-ci, dit-on, n'est

(1) La loi musulmane reconnaît l'esclavage, nous l'avons cependant aboli sans qu'un seul murmure ne soit élevé.

jamais qu'individuelle et volontaire, tandis que la colonisation ne s'opère que par masses de mille, deux mille, dix mille individus, lorsque l'exhubérence (ou la turbulence) de la population nationale devient un danger social.

Alors, on organise la masse, on l'emmène et l'on va fonder une colonie. Tel était le procédé en usage dans l'antiquité. Ainsi, un chef populaire, un homme audacieux recrutait, à la façon d'alors, un groupe d'émigrants, avec l'assistance de son gouvernement, souvent même à son instigation ; il abordait en un point, s'y installait, et prenait possession du territoire par la force, la ruse, ou par un traité.

Les Romains n'ont pas fait autrement en Algérie ; comme ailleurs, ils y ont importé l'esclavage, base de leur état social.

Leurs colonies militaires étaient destinées à dominer et exploiter le peuple vaincu.

Est-ce là ce qu'on veut ?

On dit également que la colonisation, ainsi comprise, ne peut-être conduite à bonne fin, ne peut réussir qu'avec l'intervention du gouvernement de la Métropole.

Veut-on qu'on renouvelle la tentative faite en 1848 ?

Cette importation en masse a coûté bien cher à la France ! et quels résultats a-t-elle produits ? Combien en reste-t-il de ces colons recrutés au hasard, sans choix et sans discernement, dans le but unique de diminuer le nombre des inoccupés de Paris ?

Si c'est là uniquement ce qu'il faut entendre par " *Colonisation,* " nous y renonçons sans regrets, et nous adopterons avec empressement l'immigration.

Cherchons donc les moyens d'attirer, vers notre beau pays, le courant d'émigration qui se dirige de tous les points de l'Europe vers les deux Amériques.

En vérité la chose devrait être facile ! et nous ne comprenons pas les motifs qui poussent les émigrants européens à tourner, de préférence, leurs regards sur des pays lointains et inconnus. Il faut qu'il y ait quelque grave raison qui les éloigne d'une terre aussi riche, aussi admirablement dotée, et surtout aussi voisine du continent où se trouve leur Mère-Patrie.

Cette grave raison, disons le hautement, c'est : " *L'Empire arabe.* "

Il y a nombre d'années, nous avons eû l'honneur d'être consulté sur ce que " *l'on pourrait bien faire en faveur de l'Algérie.* "

Nous allons résumer les notes que nous avons réunies en réponse ; tout ce que nous demandions alors, à très peu près, étant resté à l'état de *desideratum.*

L'Algérie devrait être la terre classique des essais. Toutes les innovations économiques, politiques et sociales, réclamées par les progrès de la civilisation, et qui sont aujourd'hui à l'ordre du jour, peuvent y être tentées, sans aucun danger pour la Métropole. Le même régime pourrait être appliqué à toutes nos colonies ; mais, parce que l'Algérie est la plus importante, parce qu'elle n'est qu'à deux journées de la France, et pour d'autres motifs encore, dépendant de la diversité des races qui l'habitent aujourd'hui, nous ne parlerons que d'elle.

Qu'on nous permette de choisir un exemple dans l'ordre économique.

On a voulu inaugurer le libre échange, et l'on a ouvert la France tout entière aux produits manufacturés de l'Etranger. Malgré les sommes considérables mises à la disposition de l'industrie nationale, pour l'outiller et lui permettre de lutter contre ses rivales, le commerce et l'industrie de la Métropole sont en souffrance ; et bon nombre d'esprits éminents prétendent que l'épreuve est concluante, et que, si on la continue, elle ne peut qu'aggraver le mal. Ils demandent qu'on revienne sans plus tarder au système protecteur.

Supposons pour un moment que l'expérimentation du nouveau régime qu'on voulait inaugurer eut été appliqué à l'Algérie seulement ; que serait-il arrivé ?

Eclairée sur les besoins de la colonie qu'elle approvisionne depuis plus de 30 ans, sur la nature et la qualité des objets qu'elle consomme, l'industrie nationale aurait concentré tous ses efforts sur la production à bas prix de ces articles ; la même somme qui a été mise à sa disposition aurait plus que suffi pour modifier et compléter l'outillage. D'acord avec le commerce, elle aurait pu réclamer, en toute justice, un abaissement dans les tarifs de transport par terre et par mer, pour tous les produits nationaux à destination de la colonie.

Nous disons qu'il y aurait eû justice à faire droit à leur réclamation, parce qu'il ne nous paraît pas équitable que seule l'industrie des transports ne contribuât pas, pour sa part, dans la lutte engagée ; alors que cette industrie est privilégiée ou subventionnée par l'Etat. Et c'est-là, qu'on le sache bien, une des causes de notre infériorité : le haut prix de nos transports, lorsque la nature et la qualité des marchandises exigent la rapidité.

Dans ces conditions, l'industrie nationale pouvait entrer en lutte, et tenir tête à ses rivales avec toutes chances de succès. Et, si malgré tous ces avantages, dont la proximité du marché n'est pas le moindre, le résultat n'avait pas été heureux, du moins le malheur n'eût pas été aussi grand. L'état de malaise et de souffrance, accusé par le milliard qui chôme depuis longues années dans les caves de la Banque de France, ne se serait pas manifesté d'une façon aussi générale, parce que l'Algérie ne consomme qu'une fraction minime de la production totale.

Mais rien de pareil ne pouvait arriver : l'industrie nationale aurait glorieusement soutenu la lutte, nous en avons la conviction.

Examinons les résultats qu'un régime pareil produirait dans la colonie.

L'Algérie déclarée " TERRITOIRE FRANC, " deviendrait un marché neutre, où le commerce et l'industrie de l'Europe entière se donneraient rendez-vous. Ses ports, aujourd'hui déserts, seraient bientôt insuffisants. L'esprit de spéculation s'éveillant, l'initiative privée entreprendrait à ses frais les travaux d'amélioration qui ont été jusqu'à ce jour à la charge du trésor public. Nous en avons un exemple dans le projet de MM. Mac Carthy et Lebatteux qui, depuis deux ans, attendent qu'on veuille bien leur permettre de doter la capitale de l'Algérie d'un second port. Non pas, malheureusement, que celui qui a couté si cher soit déjà insuffisant ; mais parce que ses quais ne répondent pas aux besoins du petit nombre de navires qui le fréquentent, leur surface étant trop restreinte. C'est le cas de dire avec le poëte :

..... *Rari* NANTES *in gurgite vasto.*

Et qu'on ne nous taxe pas d'exagération ! Il y a près de 20 ans, deux Algériens s'offrirent à ouvrir et à livrer à l'état d'achèvement, 1,100 kilomètres de chaussées empierrées, dont une grande artère d'Oran à Constantine par Alger, et des embranchements sur les villes du littoral. Ils s'engageaient en outre à améliorer les ports de Bône et d'Arzew, à barrer le Chélif et ses affluents ; le tout à leurs risques et périls, moyennant des concessions territoriales et urbaines, et la propriété des eaux qu'ils auraient accumulées.

Le projet fut favorablement accueilli par le ministère de la guerre, mais celui des finances refusa la garantie d'un minimum d'intérêt : condition imposée par les bailleurs de fonds qui, il faut bien le dire, étaient exclusivement Anglais,

O patriotisme des écus ! C'étaient également des capitaux anglais qui s'offraient à ouvrir, il y a 20 ans aussi, une voie ferrée de Philippeville à Constantine. Ce sont encore les capitaux anglais qui ont doté Alger du magnifique boulevard qui, un jour, en fera la perle de la Méditerranée, lorsqu'il aura été continué jusqu'à Mustapha, lorsque, revenant au projet de Lieussou, on sera forcé de creuser un troisième bassin sous le faubourg Bab-el-Oued, quand, la ville s'étendant au Nord et au Sud, les hauts quartiers de la Casbah, n'ayant plus de raison d'être, seront remplacés par des villas fraîches et plantureuses d'où la vue s'étendra de la Pointe-Pescade au Cap-Matifou.

Utopies, rêves, imaginations, tout se réalise à la longue, surtout quand l'initiative privée s'en mêle et peut agir librement.

Cependant, tous ces grands travaux, entrepris en même temps, ne pouvaient manquer d'attirer une population ouvrière qui, après leur achèvement, aurait trouvé à s'établir sur les terres concédés aux entrepreneurs.

La même chose arriverait aujourd'hui. Les villes du littoral, fréquentées par les navires de toutes les nations, trouveraient dans la présence des équipages, un écoulement journalier de leurs produits. La culture maraîchère s'y développerait sur une grande échelle ; et nos primeurs, qui sont toutes dirigées sur la France, nos fruits et nos légumes se répandraient par toute l'Europe, et feraient connaître les ressources de la colonie.

Assurée d'y trouver un travail rémunérateur, une existence facile, la population des campagnes accourrait en foule. Les nouveaux venus, trouvant la place occupée dans les terres suburbaines, pousseraient plus avant dans les grandes vallées, pénétreraient les populations indigènes, les diviseraient, et opèreraient sans secousse la fusion que nous voulons atteindre.

Mais pour en arriver là, il faut d'abord, — qu'on nous permette l'expression,— il faut déblayer le terrain ; et c'est ici que commence et finit le rôle de l'administration : car nous nous empressons d'ajouter que la mission administrative devra cesser dès que tout sera prêt pour recevoir l'immigration

Cette préparation, selon nous, doit se borner au lotissement des terres disponibles.

Chaque propriété domaniale, devrait former autant de communes que son étendue en pourrait comporter. Chaque commune devrait être divisée en lots de 10 à 25 hectares, ce que la famille peut exploiter, avec faculté et promesse d'en adjoindre autant, dès que le premier lot serait complètement en culture.

Puis, viendrait la viabilité. Il faut que le cultivateur puisse, dès le début, et quelle qu'en soit la nature, apporter ses produits sur les marchés fréquentés.

On ouvrirait donc des chemins vicinaux aboutissant aux grandes routes nationales les plus voisines, afin de rendre les marchés accessibles.

En employant à ces travaux les pénitenciers militaires, les prisonniers civils, arabes et autres, on pourrait les exécuter promptement, et d'une façon durable et économique. Un travail d'utilité publique, exécuté au grand air, est autrement moralisateur que l'oisiveté et la solitude dans la cellule.

Faites savoir alors à l'Europe entière que les émigrants trouveront en Algérie des terres disponibles à acheter ou à affermer; que cette publication soit accompagnée du plan de la commune, indiquant la nature des terres, leur prix, les marchés avoisinant, les chemins qui y aboutissent; puis attendez.

Les immigrants ne tarderont pas à arriver, surtout s'ils sont assurés de trouver, dans la patrie nouvelle, toute l'indépendance nécessaire au plein développement de leur activité, et d'y respirer à pleins poumons l'air pur de la Liberté!

Plus de concessions! On lit toujours un livre quand on l'achète, parce qu'on l'achète pour le lire; mais il n'en est pas de même du livre que l'on reçoit à titre gratuit. De même pour la terre: on ne l'achète que pour la mettre en culture et l'exploiter; tandis que la terre concédée..... que l'on nous permette encore une anecdote; ce sera probablement la dernière.

Un personnage influent, avait obtenu une magnifique concession de 600 hectares dont un de ses neveux, que *ses fonctions publiques retenaient tout près*, avait la direction. Il ne lui était pas difficile d'obtenir le concours de la garnison, pour faucher les immenses prairies naturelles qui composaient la majeure partie de la concession.

Après une très-belle campagne, il vint à Alger ; et fut reçu par le général Lamoricière, alors gouverneur général par intérim ; car lui aussi a fait des intérim ! presqu'autant que le maréchal Pélissier ; mais, au grand regret de tous ceux qui sont dévoués à la colonie, il n'a jamais été titulaire.

Donc, le jeune officier cultivateur, fit part de son succès au général, lui disant qu'il avait pû approvisionner le magasin à fourrage de la garnison. — " Par Dieu. " répliqua le général, — vous me la...... baillez belle ! on " vous a donné des prairies, on vous a fourni des soldats " pour faire les foins que vous nous vendez, et vous osez " vous féliciter des résultats ! Si c'est ainsi que vous entendez la colonisation, je ne vous en fais pas mon compliment. "

C'est ainsi en effet que les concessionnaires entendaient la chose : exploiter les terres concédées, avec le concours de l'administration, et lui en vendre les produits, en attendant que ces terres acquissent de la valeur, pour les vendre ou les affermer.

Que l'on vende donc, ou bien que l'on afferme les lots composant la future commune, mais à son profit.

Le prix en devrait être divisé en trois parts inégales :

L'une serait consacrée à la construction des édifices communaux ; l'autre concourrait à la création d'un fonds départemental ; et la troisième, convertie en rentes sur l'Etat, constituerait les ressources du budget annuel de la commune.

Et, encore une fois : " laissez faire ! " Que la commune s'organise et s'administre elle-même. Qu'elle choisisse tous ses édiles, tous ses agents, depuis le garde champêtre jusqu'au premier magistrat. Laissez faire au suffrage universel.

Sans doute, il y aura des fautes ; mais ceux-là seuls en souffriront, qui les auront commises ; et le mal sera bien vite réparé.

Que l'immigrant, en touchant le sol algérien, puisse demander et obtenir sans difficulté une promesse de naturalisation, dans un délai déterminé. Que cette promesse puisse lui servir à invoquer la protection effective de l'autorité locale.

On se demande pourquoi les étrangers qui viennent en Algérie, pourquoi les indigènes que nous y avons trouvés, Arabes et Israélites, montrent si peu d'empressement à se faire naturaliser ; la réponse est facile : la conscription militaire les effraie et les éloigne.

On a bien voulu la supprimer en Algérie, pour les jeunes Français qui y sont nés et qui y résident ; mais, chaque année, on en voit d'autres qui sont appelés sous les drapeaux ; et puis, c'est un décrêt qui a été rendu ; il peut être rapporté. Tout le monde en a peur, et tout le monde a raison. Nous tenons d'un officier général qu'il en a été fortement question, depuis la nouvelle loi sur le recrutement de l'armée.

Qu'une loi, votée par les représentants de la nation, déclare que la conscription est abolie à jamais en Algérie ; mais que pour y exercer une fonction quelconque, il faut être naturalisé français ; et nous verrons le résultat. Qu'en échange, elle permette le libre exercice de toute profession à ceux qui auraient acquis ailleurs leurs grades ou leurs titres. Qu'elle ajoute que tout citoyen algérien se doit à la défense de la colonie ; et qu'elle remplace la conscription par une organisation forte et démocratique des gardes civiques, urbaines et rurales.

Alors, on pourra réduire l'armée et la rendre à sa mission réelle, consistant à garder nos frontières contre l'invasion des tribus insoumises.

L'armée doit être portée aux limites du territoire incontesté, à l'est et à l'ouest, comme au sud. C'est en dehors de ce cercle que se préparent et s'organisent ces insurrections qu'il faut combattre périodiquement.

C'est là que les bureaux arabes pourront remplir efficacement leur mission, en surveillant, en pénétrant les tribus voisines, et en déjouant leurs tentatives d'insurrection. Mais à l'intérieur, nous l'avons dit déjà, leur action, leur influence sont le contre-pied de la colonisation. Que l'on nous dise pour quel motif le territoire arabe commence à quelques cent mètres de la commune du Fondouc ?

Les faits démontrent depuis longtemps que les insurrections ne sont plus à craindre parmi les tribus mêlées à la colonisation. Pourquoi ?... Ce résultat, est uniquement dû à l'état prospère de ces tribus, à leur bien-être comparatif ; qu'on ne l'attribue donc pas à l'action des bureaux arabes.

La garde nationale, la gendarmerie départementale et la police locale, suffiront amplement au maintien de l'ordre à l'intérieur, à la répression du maraudage, dont quelques vagabonds pourront se rendre coupables. L'armée pourra alors se porter librement à la frontière, s'y installer dans les camps qu'elle créera elle-même, et qui deviendront plus tard, à leur tour, des centres de colonisation.

Les tribus, contenues par la présence de l'armée, lui laisseront bien des loisirs. Qu'elle prenne définitivement possession du terrain, " *Ense et aratro*, " selon la noble devise du maréchal Bugeaud. Qu'elle défriche, qu'elle cultive au lieu de détruire ; qu'elle plante surtout, pour nous abriter, s'il est possible, des sauterelles et du sirocco.

Ici, nous devons faire une exception au principe absolu de mise en vente des terres. Il est de toute équité que celles défrichées et mises en rapport appartiennent à ceux qui les auront conquises. Donc, le soldat, au jour de sa libération, et l'officier, quand il demandera sa retraite, auront droit à une concession sur les lieux mêmes. Nous aurons là des colons intrépides, sachant également bien manier le fusil et la charrue, qui deviendront eux aussi les protecteurs de l'intérieur.

Au sud, l'Algérie n'a pas de frontières ; lorsque le flot

de l'immigration gagnera les derniers établissements, l'armée devra de nouveau marcher en avant, ouvrant des routes devant elle, comme elle en aura laissé derrière.

Qu'elle marche en avant, la sonde à la main, pour conquérir le désert à la civilisation.... la colonisation la suivra.

Et les Arabes ?... Les Arabes resteront paisibles possesseurs de leurs oasis.

Celles que nos armées créeront dans le voisinage des leurs, seront un enseignement ; elles leur serviront de modèle pour l'avenir. Les irréconciliables, s'il s'en trouve, abattront leurs tentes et se refouleront d'eux-même avec leur smala, pour aller s'établir plus loin dans le désert.

Faut-il nous arrêter ? parce qu'on pourrait nous taxer d'un enthousiasme irréfléchi, parce qu'on pourrait nous traiter d'utopiste et de rêveur... Non ! Car nous venons peut-être d'indiquer à la civilisation, le moyen de se frayer un chemin, d'autant plus sûr que la marche sera lente, à travers le continent africain ; non ! parce que nous venons sans doute d'indiquer comment on pourra, des bords de la Méditerranée parvenir aux rivages de l'Atlantique..... à 600 lieues du Nouveau Monde, en face de l'embouchure de l'Amazone.

Que les colons du Sénégal emploient les mêmes moyens que ceux indiqués par nous, et un jour les deux colonies sœurs, se donneront la main au centre de cette Afrique sauvage et mystérieuse, qu'il aura fallu percer comme on perce un tunel dans les régions alpestres.

L'œuvre sera longue, sans doute, ardue : nous l'accordons, mais elle n'est pas impossible.

En effet, ne semblerait-il pas que l'on ne doive rien prévoir au-delà du terme de l'existence individuelle ! Celle de l'humanité se compte déjà par milliers de siècles, et elle n'est qu'au début ; puisque l'homme n'a pas encore pris possession de tout son domaine.

Les civilisations antiques ont pû disparaître devant la barbarie ; elles portaient avec elles un principe morbide :

l'esclavage ; et cependant elles ont laissé des traces profondes qui se retrouvent encore dans les sociétés modernes.

Mais la civilisation qui a pris pour devise la sainte trilogie qui résume tous les droits et tous les devoirs de l'homme : LIBERTÉ, ÉGALITÉ, FRATERNITÉ ! Celle-là est impérissable ; elle ne doit pas reculer devant la Barbarie ; elle n'a rien à en craindre.

Tandis que nous écrivions les lignes qui précèdent, une question du plus haut intérêt s'est produite tout à coup.

Le Maire de la ville d'Alger, aurait pris la détermination de refuser son ministère aux indigènes — Israélites et Musulmans — qui se présenteraient à lui pour contracter mariage avec une Française ; parce que la jurisprudence de la Cour impériale d'Alger leur reconnaîtrait, en vertu de la capitulation, le droit de divorcer, octroyé par la loi de Moïse comme par celle de Mahomet.

Quelles que soient nos sympathies pour la droiture et la loyauté de l'homme honorable qui remplit les fonctions de Maire, nous ne pouvons qu'improuver une semblable détermination ; parce qu'elle rendrait impossible la fusion des races, parce qu'elle éloignerait pour un temps long, indéfini, l'adoption de nos lois et de nos mœurs par les indigènes ; et, enfin, parce que les unions mixtes ne devant plus être consacrées que par la loi religieuse, seraient entachées de nullité.

Un prélat français, le cardinal archevêque de Bordeaux, entraîné par un zèle pieux, donna jadis la bénédiction nuptiale à un couple " qui vivait dans le désordre. "

L'époux était étranger. A sa mort, sa veuve, ou soit-disant telle, invoqua sa qualité pour se faire allouer un douaire. Sa demande fut repoussée par les tribunaux français, parce que le mariage civil n'avait pas eû lieu.

Le vénérable prélat fut réprimandé et dût faire amende honorable.

Ainsi l'union d'un musulman ou d'un israëlite avec une

française, conformément à la loi musulmane ou mosaïque serait nulle aux yeux du législateur français.

Malgré tout notre respect pour les interprétations faites par la magistrature algérienne, et malgré notre incompétence en la matière, nous nous permettrons une critique qui nous semble juste.

La capitulation d'Alger nous impose le devoir de respecter la législation et la religion des races indigènes ; n'imposons donc pas aux époux de même race l'indissolubilité du mariage, puisque le divorce est admis par leurs mœurs, leurs lois et leurs religions. Mais lors que l'un d'eux demande le mariage civil préalable, il fait acte d'adhésion à la loi française, et en accepte toutes les conséquences.

La jurisprudence des tribunaux français, reconnaît valable le mariage contracté à l'étranger par un national, pourvu qu'il ait été célébré conformément à la loi du pays. Ainsi dans ceux où l'acte civil n'est pas obligatoire, dans les Etats Romains, par exemple, la consécration religieuse suffit à valider le mariage d'un français, aux yeux de la loi française.

Aujourd'hui quelques hommes indépendants se contentent de l'acte civil, et se passent de la formalité religieuse.

Qu'un citoyen des Etats Romains en eût fait autant, à l'époque où le pape était roi ; et que pour des motifs quelconques il eût voulu se marier en Algérie avec une française, devant un magistrat français, conformément à notre loi ; et que, plus tard, il eût invoqué l'absence de la cérémonie religieuse pour faire annuler son union : il aurait pu obtenir gain de cause devant un tribunal romain, mais jamais devant un tribunal français.

Et l'on voudrait que, dans les mêmes conditions, un israélite ou un musulman put exciper d'une immunité à laquelle il aurait renoncé volontairement ! En réclamant dans la plénitude de sa liberté le ministère du magistrat français, il accepte les charges et les bénifices de la loi française.

Qu'il s'y soumette.

II

FÉDÉRATION

Chaque époque a des besoins nouveaux, des aspirations propres, dont la satisfaction exige des mesures et des institutions nouvelles. Ce n'est pas en copiant servilement le passé que l'on peut atteindre ce résultat.

En 1789 et en 1793, on voulait changer un état social basé sur des castes ou des ordres privilégiés : l'unification de la France était l'un des besoins impérieux du moment. Entamée par Louis XI, elle avait été reprise par Richelieu et confirmée par Louis XIV dans l'ordre politique, au profit de la monarchie. On touchait encore aux Parlements qui avaient maintenu les franchises et les coutumes provinciales ; jusqu'au règne de Louis XVI, l'unité législative et judiciaire n'existait pas.

La Convention, complétant l'œuvre de ses devancières. d'une façon implacable, proclama l'unité et l'indivisibilité de la République française. C'était une nécessité du temps.

La France adoptait un état social nouveau et inconnu de la majorité du peuple français ; cet état nouveau en remplaçait un autre qui durait depuis près de dix siècles.

La Convention avait à lutter : à l'intérieur, contre des populations soulevées par ceux dont elle venait de détruire lès priviléges ; à l'extérieur, contre la coalition des rois qui, se croyant solidaires, attaquaient le principe nouveau de la souveraineté du peuple. L'unité et l'indivisibilité politiques étaient donc, comme nous l'avons dit, une nécessité, pour faire face à tous les dangers qui assaillaient l'assemblée souveraine.

Les circonstances ne sont plus les mêmes. Les populations des villes, c'est-à-dire, tous les hommes éclairés qui ont sû se soustraire aux influences de la réaction, veulent ou acceptent la forme républicaine. Tous s'y rallient aujourd'hui et la déclarent seule capable de nous sauver. Pour tous la République est un port de salut.

Les populations *rurales* au contraire, maintenues dans l'ignorance la plus complète, dominées par des influences intéressées, ne voient dans la République que la menace du partage de leurs terres et de leur patrimoine. L'autonomie de la commune, sa complète indépendance, le droit absolu, pour chacune d'elles, de se créer des ressources et de les appliquer uniquement à ses besoins, peuvent seuls éclairer la population des campages sur les bienfaits d'une forme sociale que, jusqu'à présent, on leur a présentée comme un spectre.

Aux monarchies, il faut de grandes armées permanentes : chaque année, la conscription enlève aux paysans le fils aîné de la famille. La République les leur laissera. Ils l'apprécieront, ils l'aimeront quand ils la connaîtront, parce qu'ils verront que, confiante, elle leur donne des armes sans les entraîner loin de leurs foyers, pour leur apprendre à s'en servir.

Un homme, dont le nom se rattache à tous nos malheurs, sut faire tourner à son profit l'œuvre de la Convention, en créant la centralisation administrative.

Tous les gouvernements qui ont succédé au premier empire, s'en sont servi : les royautés, pour asseoir leur dynastie ; la République, pour ne pas faire autrement que son aînée ; et le dernier empire, pour renverser les institutions républicaines et se mettre à la place. Pas un seul de ces gouvernements n'a voulu émanciper la commune.

Tout semblait préparé pour celui qui, par deux fois,

avait revendiqué la France, comme son domaine, comme sa chose. La centralisation administrative lui fournissait tous les moyens de réaliser ses rêves ambitieux. La dépendance de la commune et du département rendait l'entreprise facile. Le président de la République disposait de tout : armée, fonctions civiles, clergé et fortune publique. Tous et tout dépendaient de lui.

Pour se faire empereur, il n'eût qu'à chercher des serviteurs dociles : il en trouva.

Une nuit lui suffit pour donner ses ordres et les faire exécuter partout. L'autonomie de la commune, du département et de la province aurait été un obstacle insurmontable. — Elle n'existait pas. — Paris dompté, la France entière fût soumise.

La situation est la même aujourd'hui, et au point de vue politique, le danger subsiste toujours :

Caveant Consules !

Il faut à chaque forme sociale une atmosphère qui lui soit propre : la République n'est pas plus possible avec des institutions monarchiques, que la royauté, rêvée par Louis-Philippe, avec des institutions républicaines.

Nous ne craignons pour la République de 1871 que la centralisation, la dépendance du département et de la commune. La République est de droit humanitaire ; c'est la forme définitive et fatale de toutes les sociétés humaines. Elle vient d'être proclamée en France, après des essais de monarchies bourgeoise et autoritaire, après des malheurs inouïs. Nul n'osera y porter la main, parce que nul n'osera se charger d'une liquidation que la République seule peut accomplir.

Seul, celui qui est la cause première de nos désastres en accepterait la suite ; non pour les réparer, mais pour continuer l'exploitation impériale. Sa mère n'avait-elle pas prononcé ces paroles prophétiques :

« *Si jamais* Louis *réalisant ses rêves, règne sur la* » *France, il la ruinera en moins de dix années.* »

L'organisation de la commune, sa complète indépendance, voilà le vrai besoin de l'époque actuelle. Il est urgent d'y procéder sans plus tarder.

Une école à laquelle, depuis 40 ans, sans nous en douter, nous avons emprunté bien des conceptions, l'école Phalanstérienne en a indiqué la nécessité. Sa formule peut être une utopie ; mais l'honneur d'avoir proposé l'organisation de la commune lui appartient tout entier.

Dans l'ordre social, comme dans toutes les créations de la nature, il suffit de trouver le milieu propre au principe élémentaire, pour que la forme définitive atteigne son plein et entier développement. L'autonomie de la commune amènera fatalement celle de la province et de ses subdivisions.

Les produits de son sol sont si nombreux et si divers, que la France pourrait au besoin se suffire à elle-même, et s'isoler commercialement des autres nations ; mais la facilité et la multiplication des relations internationales ont créé des besoins nouveaux. Notre industrie s'est mise à l'œuvre ; et, pour lutter contre ses rivales, elle a fouillé le sol, elle en a étudié la nature et les ressources, et l'on connaît aujourd'hui le meilleur parti que l'on peut tirer de chaque portion du territoire, et la manière la plus avantageuse et la plus pratique d'en développer la richesse... Les circonscriptions territoriales ne doivent pas être arbitrairement tracées ; la nature les a désignées en quelque sorte, en donnant à chaque bassin, à chaque plateau ses produits spéciaux et particuliers.

Fractionner arbitrairement un territoire, le diviser par cours d'eau ou par lignes de montagnes, c'est peut-être séparer des intérêts communs ; dans tous les cas, c'est ne pas en tenir compte.

Déclarer l'autonomie de la commune, reconnaître à chacune le droit de se grouper avec ses voisines, pour donner satisfaction à des besoins et à des intérêts communs : voilà notre idéal. — Ainsi se formerait le canton; ainsi se formeront les provinces. La France en serait-elle moins compacte et moins forte ?

La formule de l'Unité et de l'Indivisibilité posée par nos pères en fondant la République française, est devenue un dogme, pour un certain nombre de républicains de nos jours. Ils ne savent pas combien cet esprit d'imitation est exploité par nos adversaires qui, pour ruiner l'Idée républicaine, les accussent de chercher dans les grandes figures de la grande époque, des types qu'ils s'efforceraient d'imiter : tel voudrait être — disent ils — un Danton, tel autre un Camille Desmoulins, sans oublier Robespierre et St Just, dont le rôle serait rêvé par quelques autres.

L'initiative est la dominante du génie de la France.

Avoir des pensées généreuses, les répandre, les faire accepter par tous, parce qu'elles sont grandes et nobles, voilà ce qu'elle a fait jusqu'à présent.

Pourquoi ne serait-elle pas aussi un modèle par ses institutions ? Sa puissance d'assimilation en grandirait d'autant.

C'est à la République française de former le noyau des Etats-Unis de l'Europe, en agissant par influence sur les Etats voisins, en les conviant au Pacte Fédéral, tout en respectant leurs lois, leurs institutions et leurs mœurs.

Elle y parviendra fatalement lorsque, par ses intitutions propres, elle démontrera qu'on peut donner satisfaction aux besoins économiques les plus divers, tout en conservant l'unité et l'aunotomie politique de chacun.

Ne craignons pas d'emprunter aux autres ce qu'ils ont de bon et d'applicable à la France. Constituons d'abord chez nous la fédération, à laquelle nous voulons convier l'Europe.

La République fédérale, la République des Etats-Unis de France est, dans notre conviction, la seule forme de gouvernement qui puisse s'y établir d'une façon durable et définitive. Elle donnerait satifaction à tous les besoins, à toutes les aspirations de notre époque. Par le fait même elle détruirait à jamais cette centralisation administrative dont nous avons dit tous les dangers. Elle dissiperait toutes les causes de jalousie que les départements et toutes nos grandes villes nourrissent contre Paris.

Qu'on fasse de Paris la capitale des Etats-Unis de France ; qu'il soit le siége de l'Assemblée nationale. Paris sans autre titre, Paris sans territoire, n'en resterait pas moins le foyer lumineux d'où rayonneraient les arts, la littérature, la science et les idées de la France entière. Paris pourrait devenir un jour le siége du Congrès Européen.

L'autonomie du département ne satisferait point d'une façon complète les besoins économiques du territoire. Pour ce motif, n'y en eût-il pas d'autre, nous préférerions une division moins arbitraire, moins morcelée, embrassant des intérêts communs, conséquence de la communauté des produits.

Sans prétendre en imposer aucune, nous indiquerons sommairement comme type, à étudier et à dévolopper, une division territoriale par bassins et par versants :

1° Versant de la mer du Nord.

Bassin du Rhin, (1) de la Meuse, de l'Escaut.

2° Versant de la Manche.

Bassins de la Seine ; de la Somme avec la Canche, la Brêle et l'Arques ; de l'Orne, de la Touque et de la Dives ; de la Vire et de la Douve ; de la Sée, de la Sélune et du Couënon.

3° Versant de la mer de France.

Bassins de la Loire ; de l'Elorn, de l'Aulne, du Blavet et de la Vilaine ; de la Sèvre-Niortaise, de la Charente et de la Sondre ; de la Garonne et la Dordogne ; de la Leyre ; de l'Adour, de la nivelle et de la Bidassoa.

(1) Nous ne tenons pas compte de la cession de l'Alsace et d'une partie de la Lorraine et des Vosges.

4° Versant de la Méditerranée.

Bassins du Tech, de la Têle, de l'Agly, de l'Ande, de l'Orb et de l'Hérault ; du Rhône, de la Saône et de la Durance; de l'Argens, du Var et de la Roïa.

Chacun de nos quatre versants formerait un Etat indépendant et se diviserait en Province déterminées par leurs bassins.

L'Algérie serait le cinquième Etat de la Fédération française.

L'Algérie autonome pouvant se diviser, comme elle le voudrait ; disposant de toutes ses richesses, de toutes ses ressources, et ne coûtant plus rien à la France ; mais l'Algérie toujours Française.

III

ALGÈRIE

Si l'attachement aveugle à une formule, si la *foi de nos pères*, si le *chauvinisme républicain* ne laissent pas établir en France la République fédérale, que du moins ils nous concèdent l'autonomie coloniale qui en serait à peine l'expression, dans une division distincte et séparée de la métropole par 200 lieues d'un abîme sans fond. L'exemple ne saurait être contagieux ; et, si jamais la République succombait, encore une fois, sous les efforts d'une réaction obstinée — qui ne manquerait pas de se dire justifiée ou, tout au moins, provoquée par l'impatience et l'exagération de quelques hommes provoqués, eux aussi par ses tentatives, — car les partis ne manquent jamais de prétextes pour se combattre, — si jamais la République *une et indivisible* disparaissait, une troisième fois, sous une restauration monarchique, les vaincus, tous les républicains de la vieille Europe, trouveraient sur la terre algérienne, dans une nouvelle France les institutions pour lesquelles ils luttent inutilement depuis le commencement du siècle.

L'autonomie, c'est-à-dire, le droit absolu de s'organiser administrativement, de choisir ses administrateurs, de se créer des ressources propres, et de les affecter entièrement à ses besoins, l'autonomie résoudrait immédiatement la question de colonisation — restée insoluble jusqu'à présent — sans rien demander à la France ; et permettrait à l'Algérie de *devenir, presque du jour au lendemain, la consolatrice des revers de notre belle patrie, la reparatrice de ses ruines, l'asile de tant de victimes qui ne peuvent échapper à la mort* (ou à la dénaturalisation) *que par l'immigration.* (1)

« La France pourvoit à ses charges par ses ressouces
» propres ; ainsi doit faire l'Algérie. Les circonstances
» lui imposent ce devoir. » (2)

Ce devoir, l'Algérie veut l'accomplir. Elle peut le faire dès à présent, nous le prouverons, si la France lui concède l'autonomie.

Dans nos *désiderata*, nous avons dit ce que nous demandions pour l'Algérie, alors que la France entière se courbait sous la domination d'un maître ; nous devons maintenant résumer, sous forme de projet, la constitution coloniale qu'elle doit se donner sous la France républicaine.

Qu'on nous permette de citer auparavant, à l'appui de la thèse autonomiste, une opinion qui fait autorité, dans la métropole comme dans la colonie, en matière algérienne.

Jusqu'à l'avénement de la République, l'Algérie a été plutôt commandée que gouvernée et administrée ; car les Algériens n'ont jamais été admis, que dans des limites très-restreintes, à prendre part à la gestion de leurs intérêts. Depuis 1867 seulement, l'administration municipale relève de conseillers élus, et, quelques jours à peine avant la chute de l'empire, des conseillers généraux électifs avaient été admis à contrôler l'administration départementale ; mais communes et départements, soumis au régime d'une tutelle rigoureuse, n'ont jamais joui de la moindre liberté ; aussi avons-nous des communes avec des ressources précaires, et des départements sans revenus qui leur soient propres ; quant à la colonie, qui n'a encore qu'une existence fictive, elle manque de tout ce qui peut lui per-

---

(1) L'Algérie et les victimes de la guerre, par le docteur A. Warnier, pages 5 et 6.

(2) Page 29.

mettre d'exercer une action quelconque sur ses propres destinées.

Ce serait méconnaître les aspirations de tous les colons que de ne pas songer, dans l'élaboration d'une grande entreprise de colonisation, à créer aux communes, aux départements et à la colonie elle-même, des ressources dont ils puissent disposer dans l'intérêt général............

La colonie elle-même a besoin d'un douaire qui lui soit propre, car au milieu de l'unité indivisible de la République française, elle compose une division séparée par un abîme maritime de 200 lieux de largeur ; et cette séparation, non moins que ses besoins particuliers, exige qu'elle ait des moyens d'existence à elle...

.... Jusqu'à ce jour l'Algérie a protesté contre le lien trop étroit qui subordonnait ses mouvements, son développement, sa croissance régulière et progressive aux propositions d'un pouvoir, tantôt bienveillant, tantôt hostile à la colonisation, et aux votes des chambres législatives toujours favorables, mais ou impuissantes à réagir contre le gouvernement, ou insuffisamment éclairées sur la légitimité des revendications de la Colonie

Plus que jamais l'Algérie est convaincue que son union politique avec la France exige une autonomie administrative presque indépendante.... ....

Pour entreprendre et mener à bien un acte spécial et immédiat de colonisation, M. le docteur A. Warnier demande une autonomie administrative presque indépendante (1), nous demandons l'autonomie entière, complète, absolue, en vue de l'œuvre entière de la colonisation européenne. Il est de droit naturel et imprescriptible que les sociétés, comme les familles qui en sont les éléments, puissent se constituer, s'organiser et s'administrer de la façon qu'elles jugent la plus convenable pour assurer leur existence et leur dévoloppement. L'exercice de ce droit ne peut être limité que par celui des sociétés voisines. Or, nous ne demandons rien qui puisse nuire aux intérêts de la France; nous prétendons, au contraire,

(1) L'Algérie et les victimes de la guerre pages 53 et 54.

lui venir en aide, et concourir à sa prospérité, à sa grandeur, à sa puissance. C'est pourquoi nous formulons les propositions suivantes, (1) comme bases d'une contitution coloniale :

1° L'Algérie fait partie intégrante de la République française. Elle sera régie par les mêmes lois civiles, et soumise aux traités internationaux consentis par les représentants du peuple français.

2° Les Français domiciliés en Algérie depuis un an, en possession de tous les droits civils, et sachant lire et écrire, jouiront seuls du droit de suffrage.

Les étrangers sans distinction de nationalité, remplissant les mêmes conditions d'aptitudes, et sachant, en outre, parler la langue française, qui renonceront à la protection de leur consul respectif, seront en tout assimilés aux français. Ils seront soumis aux mêmes charges et obligations, et seront admissibles à tous les emplois, à toutes les fonctions.

Les Israélites indigènes sont soumis au code civil français; ceux remplissant toutes les conditions d'aptitude, ci-dessus mentionnées, jouiront des mêmes droits et avantages.

Les musulmans indigènes, qui déclareront se soumettre à toutes les lois civiles des français, et qui se trouveront dans les mêmes conditions d'aptitude, jouiront également de tous les droits attachés à la qualité de français.

3° Les Arabes des tribus, placés sous la direction de l'Assemblée coloniale, seront immédiatement organisés en municipalités électives.

Ceux qui prendront les armes contre la France seront désormais considérés comme rebelles, et traités en conséquence : leurs propriétés individuelles, et le territoire de

(1) Nous en empruntons plusieurs à une brochure restée inaperçue : *Projet d'une constitution algérienne, par un colon.* Marseille, 1870.

la tribu, si elle s'est soulevée tout entière, seront placés sous séquestre, jusqu'à ce que les tribunaux compétents aient prononcé.

L'assimilation des Arabes se fera successivement; mais ils seront soumis, tout d'abord, au droit commun, en tout ce qui concerne la propriété et la justice. Ils seront représentés dans le Conseil provincial, et dans l'Assemblée coloniale par des délégués ayant voix consultative seulement.

4° L'Algérie sera divisée en provinces. Les trois provinces actuelles sont maintenues dans leur territoire respectif. Chacune d'elles, entièrement indépendante des deux autres, ne relèvera du gouvernement colonial que pour les intérêts généraux et communs, déterminés par les lois.

Tout le territoire possédé actuellement par la France, ainsi que les terres sujettes à revendication, dans les trois provinces, seront remis à la colonisation, et constitueront le domaine de chacune d'elles.

5° La province se subdivisera en communes et groupes de communes.

Les communes actuelles seront maintenues; elles ne pourront être divisées ou réunies que par le vote de leurs habitants.

Dans tous les autres lieux, les colons se grouperont successivement et spontanément en commune, en raison de leurs relations et de leurs intérêts.

Les communes pourront se grouper et former un canton, pour donner satisfaction à des besoins généraux et communs à plusieurs d'entre elles.

6° La commune sera administrée par un conseil composé de ... membres élus, au scrutin de liste, par tous les habitants jouissant du droit de suffrage.

La commune est souveraine. Elle nomme tous ses agents. Son administration réunit tous les pouvoirs locaux.

Les conseils de toutes les communes, formant un canton, nommeront tous les magistrats et agents cantonnaux.

7° La province sera administrée par un Conseil. Les membres du Conseil provincial seront élus, au scrutin de liste, par l'ensemble des conseils communaux de la province, réunis au chef-lieu.

Le vote aura lieu en séance publique et à bulletin ouvert.

8° Les intérêts généraux de l'Algérie seront déférés aux délibérations d'une Assemblée coloniale, dont les membres seront élus par l'ensemble des Conseils communaux de toute la colonie, dans les mêmes formes et conditions.

L'Assemblée coloniale se réunira, au moins une fois chaque année, à Alger, déclarée ville fédérale.

Elle fait son réglement et fixe la durée de ses sessions ; elle ne peut être prorogée ou dissoute que par elle-même.

Elle établit les impôts et vote le budget général de la colonie.

Elle propose et soumet à la sanction du pouvoir législatif de France les lois spéciales qu'elle juge nécessaires à la colonie.

Elle a l'administration politique de la ville fédérale et de son territoire.

Elle détermine les services publics nécessaires à l'administration de la colonie ; elle fixe leurs attributions et leur rémunération.

9° L'Assemblée coloniale, les Conseils provinciaux et ceux des communes seront renouvelés par tiers, chaque année. Les deux premiers tiers seront désignés par le tirage au sort. Les membres sortants sont toujours rééligibles.

Chaque année, après leur renouvellement, le conseil de la commune, celui de la province, et l'Assemblée coloniale nomment leur président. Celui de la commune prend le titre de Maire.

10° Le pouvoir exécutif sera exercé, dans la colonie, par un gouverneur nommé par les Ministres de la République française, réunis en conseil.

Il est chargé des rapports établis entre le gouvernement général de la France et celui de la colonie.

Il promulgue les lois générales de la Métropole, ainsi que les décisions spéciales de l'Assemblée coloniale, et en assure l'exécution.

11° La France ne fournira aucun subside à l'Algérie, et ne lui demandera aucune redevance.

Les recettes publiques, perçues dans la colonie, lui appartiennent. Par exception et en raison des circonstances seulement, celles provenant des douanes, de l'enregistrement et des postes, ainsi que les frais de perception en résultant, seront attribués, pour une part égale au trésor de la colonie et à celui de la Métropole.

Le traitement du gouverneur sera fixé par l'Assemblée coloniale et restera à la charge de la colonie.

L'armée que la France maintiendra en l'Algérie, ainsi que les différents services militaires qu'elle jugera utile d'y établir, seront à sa charge.

L'armée et ses services spéciaux occuperont des camps situés à l'extrême frontière.

12° Aucune fonction administrative, judiciaire ou politique ne pourra être confiée à un militaire.

Tous les emplois civils de l'ordre administratif ou judiciaire seront conférés par les fonctionnaires du même ordre et de la même classe, sur une liste de candidats dressée à la suite de concours publics.

Faut-il justifier chacun des articles de notre *postulatum*? Nous allons essayer de le faire, au moins en ce qui concerne les principes nouveaux de droit public que nous avons posés.

L'Algérie est française, elle veut l'être, et elle restera française aussi longtemps que le drapeau de la France sera le sien, aussi longtemps que sa législation civile sera la même. Elle restera française par les mœurs, les habitudes et la langue. Est-ce parce qu'elle aura une administration distincte et peut-être différente de celle des autres parties de la République française, une administration appropriée à ses besoins, à la diversité des races qui l'habitent, à la nécessité d'y appeler la colonisation européenne ; est-ce que pour cela l'Algérie cesserait d'être française ! Mais, jusqu'à présent, n'a-t-elle pas été régie par des ordonnances, des décrêts et des arrêtés spéciaux bien différents, dans l'esprit comme dans la lettre, des lois générales de la France.

Nous ne saurions trop le répéter. L'autonomie n'est pas la séparation.

Le suffrage universel, tel qu'il a été pratiqué en France, est la cause primordiale de tous nos désastres, de tous les maux que nous subissons encore aujourd'hui, de nos déchirements actuels. Proudhon disait : " Le suffrage universel est comme le son des cloches ; on peut lui faire dire tout ce que l'on veut ; il n'y a qu'à lui bien poser la question. " Il a suffi, en effet, au même homme de bien poser la question, de faire répondre par *oui* ou par *non*, pour obtenir trois fois la réponse qu'il voulait.

Le gouvernement du 4 septembre a imité l'homme du 2 décembre, — qu'il venait de remplacer — en demandant au suffrage universel des Parisiens de répondre par *oui* ou par *non* à la question : " avez-vous confiance en nous. " C'était encore l'inconnu d'autre part. Si l'on avait demandé à la population de Paris : " Voulez-vous avoir une municipalité — une commune — dont les membres, élus par le suffrage universel, seront chargés d'administrer vos intérêts locaux et municipaux, en nous laissant le soin de diriger les intérêts généraux de la République ; » si la question avait été ainsi posée, la population entière de Paris aurait répondu affirmativement.

On ne demande pas à un enfant qui épèle d'interprêter la mécanique céleste : c'est poutant là ce qu'a fait la République de 1848, en laissant au suffrage universel le soin de désigner l'homme le plus digne et le plus capable d'administrer la France, et de diriger ses destinés. — Un jour, à Londres, nous disions à Ledru-Rollin en présence de Kossut et de Mazzini, bon nombre d'entre vous croyaient avoir le nom le plus populaire, le plus connu en France, et se réservaient ainsi la chance d'être appelés à la Présidence ; tandis que vous saviez tous que Cavagnac serait choisi par l'Assemblée, si la Constitution lui donnait le droit d'élire le chef du pouvoir exécutif. Eh! bien, vous étiez tous dans l'erreur : il n'y avait qu'un seul nom qui put faire concurrence à celui de Napoléon : c'est celui du Juif-Errant. Entrez dans toutes les chaumières : si d'un côté de la cheminée vous y voyez l'image de l'Israélite légendaire, de l'autre vous trouverez celle du héros populaire — Que la République de 1870 ne commette pas la même faute ! Si elle veut persiter à être une et indivisible, sous peine de mourir par la violence et la trahison, qu'elle ne confie pas ses destinées à un seul homme. Les jacobins n'entendaient pas ainsi l'unité et l'indivisibilité de celle qu'ils voulaient fonder : la Convention nationale s'était réservé le pouvoir exécutif, par la nomination des ministres chargés de l'exercer sous son contrôle et sous son impulsion. Nous ne sommes pas de ceux qui préfèrent la tyrannie d'un seul à celle d'une assemblée, nous n'en préférons aucune à aucune autre : une assemblée ne devient tyrannique qu'autant qu'elle est tyrannisée elle-même par un de ses membres.

Nous demandons l'émancipation complète de la commune algérienne, parce que, à nos yeux, nul autre que celui-là dont les intérêts sont engagés n'a le droit de s'immiscer dans leur administration ; parce que celui-là seul, qui s'impose des sacrifices volontaires, dans un intérêt local, a le droit d'en régler la destination et l'emploi : mais pour que la commune soit sagement et sainement administrée, il faut que ses édiles soient choisis avec discernement. Il faut donc que celui qui est appelé à les choisir présente, au moins, la garantie qu'il sait ce qu'il fait, qui il délègue en déposant son bulletin dans l'urne électorale. Il faut que celui-là sache lire et écrire.

Chacun de nous exige, en toute raison, des garanties d'aptitude de celui dont il réclame les services ou le concours ; et la société aurait tort d'en demander une, une seule, à celui à qui elle confère le droit de suffrage ! L'égalité du droit pour tous s'arrête à l'aptitude de ceux qui doivent l'exercer. Tout droit implique un devoir qui lui est corrélatif : et nous demandons pour corrélation au droit de suffrage le devoir, pour celui qui l'exerce, d'avoir la certitude consciente de ce qu'il fait : savoir lire et écrire le nom de celui à qui il veut donner son suffrage.

Nous ne connaissons pas de spectacle plus honteux, plus immoral que celui qu'offrirait le citoyen qui recevrait un bulletin fermé, et le déposerait dans l'urne, sans l'ouvrir. Qu'on nous dise ce qu'il y a de plus honteux, de plus immoral à vendre son suffrage ! Eh ! bien, pour l'illettré, que le bulletin soit ouvert ou fermé, c'est tout un. On le lui a remis, en disant : vous allez voter pour X. ; et il vote sans avoir la conscience de ce qu'il fait, uniquement parce qu'on lui a dit de le faire.

Nous demandons de plus que les colons étrangers sachent aussi parler notre langue, parce que nous les déclarons admissibles à tous les emplois, à toutes les fonctions civiles. Il faut bien qu'ils soient capables de les remplir, de nous comprendre et de se faire comprendre. Cette concession elle-même, l'assimiliation aux colons français en tout et pour tout, est justifiée par l'égalité des charges et obligations.

Nous ne voulons plus être seuls à défendre les biens et les personnes de tous ; et nous ne voulons pas qu'une force armée quelconque soit commandée par un fonctionnaire étranger. Pour ces motifs, nous demandons que les colons étrangers qui veulent jouir des droits du citoyen algérien, renoncent au préalable à la protection de leurs consuls.

En l'état actuel, le nombre des colons étrangers est, à

peu de chose près, égal à celui des français ; il y aurait injustice à refuser, d'une manière absolue, les mêmes droits et avantages, à une portion aussi considérable de la population coloniale, à des hommes qui ont contribué, autant que l'autre portion, au développement et à la prospérité de la colonie.

Il y a plus : même en tenant compte des obstacles de toute nature, apportés au développement colonial par les différents régimes politiques auxquels l'Algérie a été soumise depuis la conquête, l'expérience de ces 40 années démontre l'insuffisance — nous dirons même l'impuissance de la France à peupler sa grande colonie, à lui fournir tous les bras qui lui sont nécessaire. L'Algérie doit être une colonie européenne : il faut l'ouvrir à l'immigration de tous ceux qui vont chercher, dans les deux Amériques, des terres, le bien-être et la liberté. Nous voudrions surtout y voir arriver tous ceux que les régimes constitutionnels de la vieille Europe forcent à fuir la terre natale ; nous voudrions faire de l'Algérie le champ d'asile de tous ceux qui sont animés d'une foi républicaine robuste et sincère. Pour cela, il faut leur offrir tous les avantages, toutes les libertés qu'ils ne trouvent pas dans leur patrie. C'est pour cela, encore, que nous les y appelons tous, sans distinction de nationalité, malgré les sentiments de répulsion dont nous sommes tous animés contre les envahisseurs de la France ; non pas parce qu'ils nous ont vaincus, mais pour la façon avide et odieuse dont ils abusent de leur victoire. Les peuples, les individus moins encore, ne sont pas solidaires des actes de leur monarque, de leur maître de par le droit divin, ou de par l'usurpation violente : que les républicains de l'Allemagne impériale viennent donc à nous ! nos mains leur sont tendues, comme à nos frères d'Italie, d'Espagne, du reste de l'Europe. Mais qu'ils renoncent tous à la protection des gouvernements contre lesquels ils protesteront en émigrant.

Pour les faire jouir des mêmes avantages, nous exigeons

des indigènes les mêmes conditions d'aptitude. N'est-ce pas les traiter sur le pied d'une parfaite égalité? Si nous demandons en outre aux musulmans la déclaration spontanée et individuelle de se soumettre à nos lois civiles, si nous imposons ces mêmes lois aux Israélites, c'est uniquement parce que les premiers sont couverts par une capitulation, que les autres ne peuvent pas invoquer. La France, en couvrant ceux-ci de sa protection toute-puissante, en les affranchissant de leur conditions de parias, en les traitant à l'égal de ses nationaux, s'est réservé le droit de leur imposer ses codes.

En cela, nous croyons respecter le droit et le devoir de chacun, la liberté individuelle, la dignité de l'homme et du citoyen bien autrement que les partisans de la naturalisation en masse.

D'aucuns affirment que le décret du 24 octobre a été accepté, avec reconnaissance, par l'universalité de ceux qu'il a appelés à la dignité de citoyen français ; puisque, disent-ils, nul d'entre eux n'a protesté contre ce décret. Autre chose est de protester contre un acte que l'on croit souverain, ou bien de le subir en murmurant dans le sein de la famille. La protestation publique, individuelle est l'acte spontané d'une volonté ferme et convaincue ; chose rare, surtout parmi des hommes que l'habitude d'une longue oppression a rendus plus que circonspects. Qu'on laisse au contraire à ceux des Israélites qui ont accueilli, avec reconnaissance, le décret qui les a naturalisés en masse, qu'on laisse à ceux-là la faculté de constater leur reconnaissance par une déclaration publique et individuelle ; alors, mais seulement alors, on saura combien d'entre eux ne partagent pas l'enthousiasme que l'on prête à tous.

Nous abordons un point bien autrement grave, un objet de la plus haute importance : l'élection à deux degrés.

Nous avons dit, sans détour aucun, ce que nous pensons du suffrage universel ; nous déclarons, tout aussi nettement, que nul autre à nos yeux n'est plus apte à apprécier les intérêts généraux de la commune, n'est plus à portée de désigner les plus capables, les plus dignes de les administrer, que l'habitant même de la Commune. Là, tout le monde se connait, chacun sait ce que vaut son voisin; là, l'influence toute locale, personnelle est légitime; elle s'exerce sur un nombre restreint de citoyens tous en état d'en apprécier la valeur et le mérite. S'il s'en produit une inavouable, tous les intéressés le savent; elle peut être démasquée; le patron et ses clients sont bien vite flétris par l'opinion publique. Il n'en est pas de même lorsqu'il s'agit d'intérêts plus généraux, plus considérables touchant à la gestion de tout un département, de toute une province. Non-seulement tous les électeurs n'ont pas la capacité d'en juger l'importance et l'opportunité, mais encore ils sont dans l'impossibilité de choisir, avec discernement, parmi des hommes dont ils ne connaissent qu'un très petit nombre, les plus dignes et les plus capables de bien remplir la mission dont seront revêtus les membres du Conseil provincial et de l'Assemblée coloniale. Les noms de quelques citoyens illustres par leurs talents, par leurs fortune ou par leurs services peuvent bien arriver dans chaque commune, à la connaissance de ceux que leurs travaux, leurs occupations journalières y retiennent constamment; mais c'est le tout petit nombre; et combien, parmi ces noms illustres, se rattachent à de véritables aptitudes? Le talent professionel, la fortune la plus honorablement acquise, les services rendus dans un ordre donné: ne confèrent pas toujours la capacité administrative. Quels sont les banquiers les plus célèbres qui se sont montrés capables d'administrer les finances d'un Etat? Quels sont, parmi nos gouverneurs, les maréchaux, les grands généraux qui ont fait preuve d'une haute capacité administrative? Combien parmi les grands orateurs, les avocats, les médecins, les hommes de lettres, de science ou d'art les plus célèbres ont été de grands hommes d'Etat? On les compte. La notariété la plus grande, la célébrité professionelle la plus légitimement acquise à un nom, ne suffisent pas ; et pourtant c'est sur ce nom-là que se portent et se porteront toujours les suffrages de la masse des citoyens. Le suffrage universel, attiré par la notoriété du nom, comme par un mirage, fera d'un médecin, d'un avocat, d'un général, d'un homme de lettres, un financier ; d'un journaliste, un diplomate, un administrateur quelconque. Aussi qu'advient-il ? chacun deux, arrivant neuf et emprunté dans la nouvelle fonction qu'il occupe, s'en rapporte au passé et suit l'ornière tracée, — pas d'amélioration, pas d'économies, pas de progrès : et la masse se plaindra... A qui la faute ?

La République la plus démocratique et la plus sociale ne réalisera jamais l'égalité parfaite parmi les citoyens.

L'inégalité des conditions parmi les hommes est chose fatale ; parce que la nature ne les fait pas tous égaux en force et en intelligence. Chacun de nous apporte, en naissant, des attractions et des aptitudes diverses et inégales ; le seul devoir de la Société, parce qu'elle ne peut aller au-delà, est d'assurer à chacun l'entier et plein développement de ses attractions et de ses aptitudes natives, par l'admission de tous à tous les degrés de l'instruction générale et professionnelle. Des capacités différentes se manifesteront par le fait même ; et de la différence des capacités résulteront des conditions sociales inégales.

Quoique l'on puisse faire, il y aura toujours des riches et des pauvres partout. Eh ! bien, nous n'hésitons pas à déclarer que l'homme courbé sous un travail incessant, nécessaire qui ne lui permet pas de prendre une part active aux affaires, ne peut pas acquérir le discernement nécessaire pour faire des choix éclairés, en dehors des citoyens qu'il connait, qu'il voit journellement, et dont il peut apprécier personnellement le mérite et la valeur morale....

Vous êtes donc, pour le suffrage à deux degrés ? nous disait, il n'y a pas bien longtemps, un personnage officiel : — Oui, répliquâmes-nous, mais voici le correctif : *l'électeur du 2e degré votera publiquement, à bulletin ouvert.* —

Le lecteur partagera, peut-être, l'étonnement et la stupeur de notre interlocuteur.....

Nous reconnaissons à chacun le droit d'élire les magistrats de la commune, parce que nous reconnaissons à tous l'aptitude nécessaire pour faire de bons choix parmi les hommes qui l'habitent, (1) mais il faut qu il obtienne des garanties de celui à qui il délégue une portion considérable de sa souveraineté : le pouvoir d'élire des magistrats appelés à délibérer, à se prononcer sur des intérêts d'un ordre plus général, plus important que ceux de la commune. Dans les affaires privées, chacun de nous donne des instructions au mandataire à qui il confie la gestion de ses biens, il en exige une reddition de compte, il se réserve d'en contrôler tous les actes ; peut-il, doit-il en être autrement dans les affaires publiques ? Quel autre moyen de contrôle resterait-il au mandant ? si l'électeur du second degré n'était pas tenu de justifier la confiance mise en lui, par un vote d'autant plus indépendant, qu'il ne craint pas de l'affirmer hautement. Ce n'est point là un mandat impératif ; nous respectons trop la dignité personnelle, pour avoir la pensée de l'imposer à qui que ce soit. C'est, au contraire, un acte de haute moralité, dont les citoyens dignes de ce nom, des hommes aussi fermes, aussi indépendants que convaincus sont seuls capables.

Les conseillers des communes, réunis au chef-lieu de la

---

(1) Si nous exigeons qu'ils sachent lire et écrire, c'est afin de rendre l'instruction primaire obligatoire pour tous les âges, pour toutes les conditions C'est aussi pour obliger la Commune à rendre cette instruction facile et abordable à tous. Il ne faut pas bien longtem pspour que l'adulte et même l'homme-fait apprennent à lire et à écrire quelques noms ; fallut-il, pour la première fois, guider les mains les moins habiles, les moins souples : — Celui qui ne voudrait pas se soumettre à ce travail, préalable à l'exercice du droit de suffrage, n'étant pas reconnu digne d'en jouir, bientôt le suffrage sera exercé par l'universalité des colons.

province, s'y éclaireront mutuellement, se concerteront sur les choix qu'il doivent faire. Leur vote individuel porté à la connaissance de tous, parviendra à leurs commettants ; et ce vote, parce qu'il sera l'expression d'un sentiment intime, d'une conviction bien arrêtée, les honorera aux yeux de tous, comme un devoir dignement accompli. Voilà les citoyens qu'il nous faut ; et non pas des hommes timides qui cacheraient, sous le scrutin secret, une préférence qu'ils n'oseraient avouer, des petits calculs d'amour-propre, des concessions réciproques, des arrangements privés.

Pour les mêmes causes d'incompétence relative, nous demandons que le président de l'Assemblée nationale, ceux des conseils provinciaux et le Maire de la commune soient choisis par leurs pairs parmi les membres élus par le suffrage universel.

Il en est une autre, non moins importante. Dans toute réunion d'hommes, celui qui est appelé à en diriger les débats et les délibérations doit être l'expression de la majorité des membres dont elle se compose, sous peine de déchirements intérieurs.

En bien des cas, le suffrage universel pourrait être en désaccord, sur ce point, avec la majorité de ses élus.

Nous protestons bien autrement, contre l'ingérence du pouvoir central dans la nomination du Maire, dût-il être choisi uniquement dans le sein du conseil élu. Cette prétention exhorbitante, inouie chez des hommes qui acceptent la République, même à titre d'une nécessité des temps, (1) donnerait un caractère politique au premier magistrat de la Commune. La Commune, avons-nous dit, est souveraine, mais à la condition expresse que son action n'aura rien de politique : sa souveraineté est purement administrative ; elle se borne à la gestion des intérêts locaux. S'immiscer dans la nomination de ses magistrats, c'est donner à la Commune une portée politique qu'elle

(1) Projet de loi du pouvoir exécutif, mars 1871.

ne doit pas avoir. Ce serait un danger réel et permanent : les conflits déplorables qui ensanglantent Paris et sa banlieue, ne le démontrent que trop !

Nous ne sommes pas plus partisan du renouvellement intégral, même à courte échéance, que de la permanence des assemblées délibérantes et souveraines dans leur action : celle-ci présente des dangers réels, que nous voulons tous conjurer ; l'autre rompt la *tradition*, l'esprit de suite indispensable à une bonne administration. La tradition a fait toute la gloire et toute la puissance des dynasties et des oligarchies ; les démocraties y puiseront également, la force et l'autorité qui assurent la durée des institutions.

Le renouvellement partiel et annuel de nos conseils, en conservant la tradition, y introduira l'esprit de progrès Il a de plus l'avantage d'habituer les intéressés à s'occuper constamment de leurs affaires : il leur permet d'en surveiller l'administration ; d'apprécier la capacité de leurs mandataires ; de leur continuer leur mandat, s'ils s'en montrent dignes ; de le leur retirer sans attendre qu'ils en aient abusé.

Des élections annuelles, localisées dans la Commune ou restreintes à ses mandataires, satisfont à tous les besoins, à toutes les exigences de la démocratie, soupçonneuse par nature et par devoir. Elles maintiennent l'esprit public en éveil, sans le surexiter, comme le feraient des élections générales ; elles garantisent l'émulation et l'esprit du devoir chez les élus, dont le mandat, à courte échéance, est toujours renouvelable.

Nous réservons à une Assemblée coloniale, en outre de ses autres attributions, le soin d'étudier et de préparer les lois spéciales à l'Algérie, qui devront être soumises aux délibérations de l'Assemblée nationale ; et cette attribution législative nous dispense de demander que la colonie y soit directement représentée. Ah ! Si la la République française se constituait en une fédération d'Etats souverains et indépendants, l'Algérie, à ce titre, aurait le droit et le besoin de se faire représenter, au sein du congrès, par des mandataires spéciaux ; puisqu'elle participerait à toutes les charges du budget général de la République, en sa qualité d'Etat confédéré. Mais, aussi longtemps qu'elle ne sera qu'une colonie de la France, l'Algérie n'a d'autre droit à réclamer que celui de disposer de toutes ses ressources, pour assurer son développement et sa prospérité. Ses aspirations et ses besoins, étudiés et formulés en projets de lois par un parlement élu par elle-même, transmis aux pouvoirs de la Métropole par le premier fonctionnaire de la colonie, tous les desiderata de l'Algérie seront examinés avec plus de soin, et fixeront l'attention du législateur bien autrement que s'ils étaient présentés par un petit nombre de représentants algériens, dont l'élection pourrait être dictée par la politique générale plus que par l'intérêt colonial.

Faut-il insister encore ? et démontrer aux partisans de l'assimilation absolue, que la satisfaction du plus mince intérêt local entraînerait des lenteurs incompatibles avec le progrès. Prenons un exemple. La commune de.... demande un bureau de distribution, dont elle fera tous les frais : Train-omnibus et temps d'arrêt dans chacune des gares — commissariat civil, sous-préfecture, préfecture et bureaux de l'intérieur ; envoi à ceux des finances, avis demandé au chef de service dans la colonie, opinion du directeur des postes ; retour au ministère compétent, transmission à celui de l'intérieur ; enfin retour par la voie hiérarchique. — Si tous les avis sont favorables, les colons de la commune de..... auront un bureau de distribution, au bout d'un an ; et, en attendant, ils auront dû apporter leurs lettres au chef-lieu de la commune voisine, et les y aller chercher.

Voilà les bienfaits de l'assimilation pure et simple. On ne manquera pas d'objecter qu'avant tout, la Commune *révolutionnaire* est souveraine. Laissons-là l'épithète : — il y a autant de gens qui s'effraient des mots que de ceux qui s'en contentent — disons simplement que l'émancipation de la Commune est plus difficile à obtenir pour toute la France, que pour l'Algérie seulement. On consentira peut-être à en faire l'essai dans une colonie : mais l'écrire dans la loi générale, comme un droit absolu, un principe, si nous en jugions par le projet soumis récemment à l'Assemblée nationale, nous risquerions fort de nous faire une illusion décevante.

Les réclamations fréquentes de toute la colonie contre le régime militaire, la réprobation — que trop justifiée ! qu'elle ne craint pas de manifester contre son rétablissement — dont elle serait, dit-on, menacée, — nous ont déterminé à inscrire, comme un principe absolu du droit colonial, qu'aucun militaire d'aucun grade ne pourra exercer, dans la colonie, aucun emploi, aucune fonction judiciaire, administrative ou politique. Nous pensons néanmoins, que le pouvoir métropolitain doit y être représenté par un gouverneur, choisi par lui, son intermédiaire avec l'Assemblée qui résume le pouvoir colonial. Quel que soit ce personnage officiel, qu'il appartienne à l'ordre civil ou à l'ordre militaire, peu nous importe ; alors que nous aurons toutes les garanties d'une constitution autonomique ; lorsque l'armée, rendue à son rôle de protection, veillera uniquement à la sécurité des frontières, il n'y aura plus aucun danger, il ne saurait y en avoir.

La République est obérée, elle ploie sous l'énormité des charges que lui valent les désastres amenés par le règne corrupteur et immoral d'un César ! elle se libérera rapidement, honorablement, c'est notre espoir et notre conviction, si nous l'acceptons tous franchement, si chacun de nous travaille, sans arrière-pensée, à son affermissement, au rétablissement de la concorde ; si nous nous remettons tous résolûment au travail ; mais l'Algérie doit trop à la France, elle lui a trop coûté pour ne pas lui venir en aide et partager avec elle le poids des malheurs communs. L'Algérie ne doit plus rien demander à la France ; elle doit, au contraire, lui offrir, la prier d'accepter le concours de toute sa richesse, de toutes ses ressources.

Jusqu'à ce que toutes les plaies de la Mère-Patrie aient été cicatrisées, elle doit lui attribuer une large part dans toutes ses recettes, elle doit ouvrir tout son territoire aux victimes de la guerre, qui viendront y chercher un asile, les y appeler, les installer : afin de les conserver à la France.

Nous demandons que tous les emplois civils, toutes les fonctions administratives et judiciaires soient décernées par les pairs de l'impétrant, sur une liste de candidats après concours.

Dans une réunion nombreuse d'officiers d'artillerie et du génie, l'un d'eux, un officier supérieur qui devait tous ses grades au choix, — grâce à l'influence d'un seul et même protecteur, chaque changement de gouvernement lui en avait valu un, — proféra les paroles suivantes : « Je ne pardonnerai jamais à Charras d'avoir eu l'intention de soumettre à l'élection l'avancement au choix. » — êtes-vous certain, mon colonel, que Charras ait eu cette pensée ? demanda l'un des auditeurs subalternes ; et, sur la réponse affirmative de son supérieur, eh ! bien moi, ajouta-t-il, je ne lui pardonnerai jamais de ne l'avoir pas mise à exécution ; parce qu'il me semble qu'un officier doit être plus fier de l'estime et de la sympathie de tous ses camarades, que de la bonne opinion de son colonel.

Le concours et l'élection nous paraissent, à nous aussi, les meilleurs titres à la confiance, les meilleures garanties de capacité.

Nous nous dispenserons de justifier la proposition de retirer aux arabes la qualité de belligérants, et de les traiter désormais en rebelles pris les armes à la main.

Les faits récents sont assez éloquents ! Il n'est que temps de faire cesser le spectacle odieux et immoral des chefs indigènes qui, comblés des faveurs du gouvernement, traités à l'égal des officiers français les plus méritants, trouvent encore une protection suffisante, dans une institution discréditée, pour se faire réintégrer dans leurs biens, dans leurs honneurs et dans les fonctions dont ils ont abusé pour s'enrichir, pour fomenter et solder la révolte. Qu'on les soumette au droit commun ; et il n'y aura plus de soulèvements dans les tribus.

Qu'on ne s'y méprenne pas : toutes les institutions, que nous réclamons pour l'Algérie, seraient applicables à chacun des Etats confédérés de la République française ; mais nous craignons fort que, de nos jours encore, la majorité de ceux qui veulent franchement la République, aussi bien que ceux qui la subissent comme une nécessité, ne l'entendent pas autrement que les jacobins.

La race latine semble rivée à la centralisation administrative et gouvernementale, et le catholicisme n'est pas étranger à cette condition fatale. Une formule religieuse qui réprouve le libre examen, qui impose et déclare indiscutables les articles de foi proclamés par un cénacle souverain, dispose admirablement ses adeptes à la soumission, à l'habitude de se laisser diriger, à tout attendre du pouvoir politique. La Rome antique, celle des Césars, — berceau commun de toutes les familles de race latine, — laissait à ses provinces leur autonomie, leurs lois, leurs mœurs, leur langue, leur gouvernement intérieur ; elle se contentait de lever l'impôt. La Rome moderne, — celle des papes, siége du catholicisme, — impose ses dogmes, ses lois, ses décisions de source divine, sans renoncer au denier de St Pierre. L'église catholique est infaillible, elle vient de décider infailliblement que son chef l'est également, et tous ses suffragants, — grands et petits — doivent s'incliner et croire, sons peine de rebellion et d'apostasie. L'Eglise a aussi ses hiérarchies : princes, comtes et barons, — seigneurs et serfs, *vulgum pecus ;* — elle les a instituées dans son armée céleste : archanges, anges, trônes, dominations, chérubins, saints et saintes, et le monde des bienheureux. Les royautés de droit divin se sont moulées à son image.

Ah ! C'est un beau spectacle, à ravir la pensée.
Que l'Europe ainsi faite et comme il l'a laissée !

Un édifice avec deux hommes au sommet.
Le pape et l'empereur !......

Victor Hugo.

Remarquons, en passant, que le pape occupait le premier rang dans l'édifice européen, tout comme dans la pensée du poète.

Les monarchies constitutionnelles ont adopté, avec empressement, le legs de leurs devancières. La centralisation est si favorable à l'esprit de dynastie ! Le roi est-il mort ? Un coup de manivelle, et vive son successeur dynastique !... partout à la même heure.

La France, l'Espagne et l'Italie ont pourtant un passé glorieux : elles ont conservé à l'Europe des restes précieux de la civilisation romaine ; elles l'ont précédée dans la voie du progrès, dans les arts et dans les sciences. Ah ! si l'homme du 2 décembre avait su comprendre la mission qu'il avait à accomplir, s'il avait voulu consacrer, au bonheur de l'humanité, le pouvoir immense que l'imbécile imprévoyance de tout un peuple avait remis en ses mains ; s'il s'en était servi pour grouper les trois sœurs en un seul faisceau de républiques unies, l'Europe aujourd'hui offrirait un spectacle autrement beau qu'au temps de Charlemagne. Unis pour le même objet comme par le sang, 80 millions d'hommes de race latine, commandant le respect et l'admiration des autres races, les conviant à une vaste confédération d'Etats libres, souverains, autonomes, l'Europe, n'étant ni germanie, ni cosaque, ni latine, commanderait, à son tour, l'admiration du monde, et pousserait l'humanité entière à l'accomplissement de ses destinées.

Celui qui avait commencé par le meurtre et le parjure, ne pouvait finir que par la honte et le malheur du peuple qui lui avait confié ses destinées follement et aveuglément. Nous expions cruellement la peur irréfléchie des uns des autres, qui nous jeta dans les bras d'un misérable, parce qu'il portait un grand nom : que l'erreur du passé, que les malheurs du présent nous servent de leçon pour l'avenir !

Nous voulons désormais, n'être gouvernés que par nous-mêmes et pour nous-mêmes : que chacun de nous apprenne d'abord à se gouverner, à commander à ses passions, à faire taire ses rancunes personnelles, à les sacrifier au bien commun. Habituons-nous à ne plus voir des ennemis, des traîtres dans tous ceux qui ne sont pas d'un avis exactement conforme au nôtre. Mettons-nous tous à l'œuvre de reconstitution, résolûment et pacifiquement comme des frères d'une même famille ; et la France, notre patrie commune et bien-aimée, la France retrempée dans le malheur, renaîtra plus forte, plus belle, plus glorieuse. C'est l'épreuve du feu qui épure.

IV

L'INDEMNITÉ DE GUERRE

Nous nous sommes proposés uniquement de soumettre au lecteur des mesures que nous jugeons propres à cicatriser les plaies de notre malheureux pays ; ce n'est donc pas ici le lieu de discuter les conditions de la paix, encore moins la façon dont la guerre a été conduite.

Le fait brutal est là : nous avons été vaincus, et le vainqueur nous a imposé des conditions que nous avons acceptées. Notre devoir est de les remplir, quelles qu'elles soient.

Un membre du gouvernement du 4 septembre disait devant nous : « Nous ne pouvons pas discuter avec un vainqueur à la merci duquel nous nous trouvons. Tout ce que nous pourons faire se bornera à lui indiquer, parmi les conditions qu'il nous imposera, celles que nous pourons remplir, et celles qui nous paraîtraient irréalisables. »

Il avait raison : nous n'avions de choix qu'entre la paix à tout prix, et la guerre à outrance. La France a voulu la paix... Elle nous coûte cher, bien cher ! mais nous devons en acquitter le prix loyalement, intégralement, bien que les codes internationaux n'aient rien de commun avec la morale des lois civilisées, celle à l'usage des gens honnêtes.

Un homme envieux, jaloux, irrité de la prospérité de son voisin prépare de longue main, patiemment les moyens de satisfaire sa haine en consommant la ruine de celui qui en est l'objet : il est déjà coupable aux yeux de la morale. Si, pour assurer l'exécution de ses projets, il embauche et solde d'autres hommes ; s'il les discipline ; s'il les façonne à l'obéissance passive, tout en leur laissant ignorer ses desseins ; il se met en dehors des lois, il devient criminel : c'est un chef de bandits. S'il profite d'une provocation quelconque pour assouvir sa haine ou sa vengeance ; s'il envahit la propriété qu'il convoite ; qu'il réussisse ou non, ses compagnons et lui sont des brigands, et seront traités en conséquence : la loi les condamne d'avance. Tous ceux qui n'auront pas été tués ou pendus, sans façon, pendant l'action, tous ceux qui seront pris, même après, seront enfermés dans des cachots pour être exécutés plus tard. Leur chef, le promoteur de tous les crimes commis par eux, sera traité plus sévèrement que les autres, s'il est possible.

Tout change de nom lorsque les mêmes faits prennent de plus grandes proportions, lorsque, au lieu d'être commis par un petit nombre de malfaiteurs, ils sont l'œuvre commune de tout un peuple. L'attentat s'appelle guerre, les bandits deviennent des héros. Le plus grand de ces héros, c'est celui qui leur a commandé le meurtre, le pillage et l'incendie : on lui décerne une couronne, s'il a été le plus fort ; s'il a succombé, s'il a livré ses compagnons, on le comble de prévenances, on l'entoure de soins et d'hommages. Cela a aussi un nom, cela s'appelle le respect de l'infortune.

Tandis que l'opinion publique flétrit tous ceux qui, pouvant venir au secours de leur voisin, s'abstiennent d'intervenir dans une lutte inégale, de protéger le faible contre l'abus de la force, la loi des neutres abrite toutes les défaillances, tous les égoïsmes, tous les calculs intéressés. La guerre a ses lois : elles permettent au plus fort de compléter la ruine du plus faible ; sauf à celui-ci de prendre sa revanche lorsqu'il sera le plus fort, de reprendre tout ce qu'il avait cédé, de violer tous les engagements qu'il avait contractés.

Nous avons abusé de la force pendant les premières années du siècle ; l'Allemagne vient de prendre sa revanche. A son tour elle jette son épée sur l'un des plateaux de la balance : il lui faut cinq milliards de francs pour l'en retirer....

Payer l'indemnité de guerre, et la payer le plus tôt possible, afin de nous débarrasser de garnisaires dont la présence est une honte et une douleur de plus, voilà le problème que nous nous sommes posés. Nous tacherons d'apporter dans la solution toute la rigueur d'une démonstration mathématique.

Les Etats, comme les particuliers, sont forcés de recourir à l'emprunt, lorsqu'ils se trouvent dans l'obligation de faire face à une dépense imprévue, urgente, bien au dessus de leurs ressourses disponibles.

La République est loin d'avoir trouvé cinq milliards de francs dans les caisses du trésor public ; et il lui serait impossible de se les procurer, même par annuités, à l'aide des ressources habituelles du budget des recettes. Il faut donc avoir recours au crédit.

Si, au lendemain de son acceptation des préliminaires, l'Assemblée nationale avait fait appel au crédit, peut-être aurait-elle conjuré l'ouragan qui désole la France depuis le 18 mars ; mais à coup sûr, un emprunt de cinq milliards aurait été rapidement couvert. L'immense majorité qui avait exigé la conclusion d'une guerre dévastatrice et toujours malheureuse jusqu'alors, était disposée à tous les sacrifices.

C'est alors que l'une de nos dames patronnesses de l'œuvre algérienne en faveur des victimes de la guerre disait à ses compagnes : " nous devons nous réduire toutes au nécessaire, et renoncer au superflu. " — Quelques jours après, la jeune et gracieuse patriote se défaisait de l'un de ses deux équipages, du plus beau : elle en réserve le prix pour le verser, au premier appel, dans les caisses du trésor public.

Entraîné par ce bel exemple, chacun de nous aurait apporté une offrande proportionnée à sa fortune, en se réduisant au strict nécessaire. — Lequel d'entre nous, pouvant le faire, se refuserait à réduire de cent francs, pendant une année, la dépense habituelle de chacun des membres de sa famille ? — Ce chiffre est un minimum, la moyenne du sacrifice individuel de tous les français : à ce compte, les 35 millions d'êtres, composant aujourd'hui la population de la République, auraient contribué pour trois milliards et demi. L'Europe, le monde entier auraient suivi notre exemple ; et la somme offerte par tous aurait été bien supérieure à celle demandée.

Nous reconnaissons que les circonstances sont loin d'être aussi favorables ; le crédit de la France a considérablement baissé depuis lors, même dans le cœur des français : néanmoins nous n'avons rien perdu de notre confiance, et nous ne doutons pas du succès d'un appel aux capitaux.

Les conditions du crédit sont réglées pas la confiance du prêteur, par les risques du placement, et par les garanties qu'offre l'emprunteur. Si la France inspire moins de confiance que par le passé, si la sécurité est moins grande, les conditions de l'emprunt seront plus onéreuses, voilà tout ; et bon nombre de ceux qui auraient peut-être résisté à l'entraînement général, à l'enthousiasme du moment, apporteront leurs capitaux, parce que les avantages du placement seront plus grands ; parce qu'il sera garanti par toutes les propriétés nationales, — terres et forêts domaniales, parcs, châteaux et musées, — dont la valeur, malgré les dévastations de la guerre, est encore bien supérieure au chiffre de cinq milliards de francs.

L'emprunt en rentes 5 p. 0/0 aurait été couvert au pair, il y a deux mois ; il sera couvert, et bien au delà, en l'émettant à 50 francs. Ce sera 500 millions de rentes 50 0/0 à inscrire au grand livre de la dette publique, au lieu de 250 millions ; ce sera dix milliards à rembourser, au lieu de cinq milliards ; voilà toute la différence.

Elle est énorme ! mais il nous faut bien subir la nécessité des circonstances.... A qui la faute ? A nous tous : à ceux qui n'ont pas le courage d'opposer la force à la force, tout aussi bien qu'à ceux qui ne craignent pas de la mettre au service de leurs rancunes, de leurs passions, de leurs ambitions.... Car ils n'ont pas d'autres mobiles — nous le prouverons un jour, — ceux qui prétendent mettre leur volonté au dessus de celle manifestée par le suffrage universel, qui prétendent imposer au plus grand nombre, à tous, leur façon de voir et de penser.

Mais pourquoi rembourser ?

Parce que nous n'avons jamais admis le théorème des anciens économistes. — " plus la dette d'un état et considérable, plus son crédit est grand " — la démonstration n'en ayant jamais été faite ; parce que nous admettons, au contraire, comme parfaitement applicable aux Etats, l'axiome à l'usage des fortunes privées : " qui paie ses dettes s'enrichit. "

Nous avons la bonne fortune de nous trouver en parfait accord avec la grande République du Nord-Amérique : elle a trouvé un crédit immense, malgré ses déchirements intérieurs, parce qu'elle ne devait rien ; elle le retrouverait au besoin, parce qu'elle s'applique à rembourser sa dette.

La République française doit suivre l'exemple de son aînée. C'est là l'une des phases de l'évolution économique qu'elle doit accomplir ; c'est une des conditions de son existence, de son maintien et de sa durée. Elle doit rembourser toute la dette : celles qui lui ont été léguées et celle qu'elle contractera, la dernière de toutes.

Mais comment faire face au paiement de la rente nouvelle ? Où trouver 500 millions, chaque année ? Où les prendre? Lorsque toutes les sources de recettes sont épuisées, lorsque le travail national est arrêté, lorsque nous avons à réparer toutes les ruines, à secourir toutes les infortunes causées par une guerre désastreuse.... Par l'établissement d'un nouvel impôt qui, n'atteignant que le capital, c'est-à-dire, le travail accumulé, qui ne demandant rien à la propriété, à l'industrie, au commerce, à la consommation, n'affectera aucune des sources de la prospérité nationale, ne s'adressera qu'à ceux qui possèdent sans produire.

En matière d'impôts, nous reconnaissons pour légitime celui-là seulement qui est la rémunération d'un service rendu, comme le service des postes, ou d'une protection réelle, effective, comme la contribution foncière.

Nul ne contestera l'utilité et l'économie du service postal exploité par l'Etat; quant à l'impôt foncier, nous nous autoriserons de l'opinion d'un homme qui a laissé une réputation dans l'administration des finances publiques, le comte Roy, l'un des plus grands propriétaires d'alors.— Comme il disait, en présence de l'un de ses successeurs, que sa fortune entière, et elle était considérable, consistait en immeubles, celui-ci observa qu'il avait vu tout récemment au grand livre de la dette publique, une inscription de 200,000 francs de rentes à son profit. — Ah! pardon, répliqua l'ex-financier, je ne compte pas cela dans ma fortune. (1) C'est un capital dont j'abandonne la jouissance à l'Etat, pour qu'il me garantisse la possession et la paisible jouissance d'un autre capital plus considérable. — La contribution foncière, en effet, est le prix de la sécurité garantie par l'Etat au propriétaire de l'immeuble imposé.

Encore faut-il pour qu'un impôt soit légitimement établi, que son assiette soit simple et facile, ainsi que sa perception qui doit être, en outre, économique et nullement vexatoire. Sous ces derniers rapports, l'impôt foncier

(1) Il payait 200,000 francs de contributions foncières.

laisse peut-être quelque chose à désirer ; mais depuis l'établissement des chemins de fer, l'adoption des timbres-poste, et l'unification du tarif, l'expédition et la transmission de la correspondance, monopolisées par l'Etat, remplissent toutes les conditions de célérité et de sécurité, d'ordre, d'économie et de facilité pour l'expéditeur et le destinataire.

Peut-être y aurait-il quelque chose de semblable à apporter dans l'assiette et la perception de la contribution foncière : c'est affaire aux économistes d'indiquer et de provoquer les réformes à introduire, c'est affaire à une bonne administration de les adopter.

La contribution, que nous proposons d'établir sur toutes les valeurs mobilières, est aussi légitime que l'impôt foncier ; puisque l'Etat garantit également la possession et la paisible jouissance des titres et de l'exploitation de chaque industrie. L'assiette en est plus simple et plus facile ; la perception ne donnera lieu à aucuns frais nouveaux, elle s'opérera sans ennui pour l'imposé, elle n'aura rien du caractère inquisitorial de l'impôt sur le revenu.

Tandis que la propriété foncière, déjà grévée d'une hypothèque souvent égale à la moitié de sa valeur, paie deux fois la taxe proportionnelle au rendement supputé, les créances hypothécaires, les rentes publiques, les actions et les obligations industrielles échappent à toute contribution ; dans un moment où nous devons tous faire un effort suprême pour réparer les fautes du passé et les désastres qui en sont la conséquence.

Quant à l'assiette du nouvel impôt, les bureaux de conservation des hypothèques, les minutes des officiers ministériels, les conseils d'administration eux-mêmes fourniront tous les éléments d'une bonne répartition. — La perception confiée aux agents du ministère des finances, n'occasionnera que des frais insignifiants.

La valeur du territoire entier de la France, est évalué à 100 milliards dont 8 milliards en constructions urbaines ; on estime en même temps que la propriété immobilière est grévée d'une hypothèque égale au dixième de sa valeur, soit 10 milliards. A 5 pour 0/0. taux légal — les 10 milliards de créances hypothécaires représentent un revenu annuel de cinq cents millions dont jouissent les bénificiaires sans participer aux charges de l'Etat. N'est-il pas de toute justice de le taxer à l'égal du revenu foncier? qui paie 10 pour 0/0 et même 10, 40 pour 0/0 du rendement présumé.

La part faite à la dette publique, dans le budget des dépenses, est de 550 millions; en y ajoutant les 500 millions de l'intérêt à 10 pour 0/0 des cinq milliards empruntés à nouveau, nous atteignons le chiffre de 1050 millions de rentes. qu'il est tout aussi juste de frapper d'une taxe proportionnelle de 10 pour 0/0.

Le capital de la production industrielle — les mines et carrières, les 150,000 usines et manufactures de la grande industrie, tous les ateliers et métiers de la petite industrie — est évalué à 160 milliards de francs: l'industrie des transports — chemins de fer, transports maritimes, roulage, camionnage, etc. — représente en outre un capital de 18,5 milliards : soit ensemble 178,5 milliards. Nous estimons que le tiers au moins de cet énorme capital est fourni par la coopération des petits capitalistes, — actionnaires ou obligataires, — et en continuant à porter le rendement à 5 pour 0/0, nous trouvons de ce chef 59,5 milliards de matière imposable à 10 pour 0/0.

Les échanges commerciaux annuels sont évalués à 45 milliards dont le produit net compté à 33 pour 0/0, est porté à 15 milliards. En adoptant la même taxe que pour les produits précédents, ce serait une somme de 150 millions à ajouter à ceux déjà trouvés; mais la perception revêtirait forcément un caractère vexatoire et inquisotarial que nous avons déjà répudié au souvenir de la prime que l'Angleterre a dû accorder à la détation, lors de l'établissement de l'income-tax. Nous aimons mieux réduire de beaucoup le rendement en appliquant aux échanges commerciaux le même tarif qu'aux effets de commerce, soit

0,05 pour 0[0, au moyen de timbres mobiles qui devront être appliqués sur toutes les factures au dessus de 10 francs.

Enfin, puisque le traité de commerce a été dénoncé à l'Angleterre; parce que notre matériel industriel a été anéanti dans les départements envahis ; parce que l'industrie de ceux qui ont été cédés à l'Allemagne nous fera défaut ; parce qu'il est indispensable de laisser à l'industrie nationale le temps et les moyens de se relever de sa ruine ; pour tous ces motifs, il faut revenir au système protecteur.

En 1856, les douanes avaient produit. .		214	millions
elles avaient coûté pour 27650 douaniers.		28	»
Produit net . . .		186	millions
En 1862, elles ont produit.	132 millions		
Elles ont coûté — 31691 douaniers . . .	41 »		
Produit net	91 millions . .	91	millions
Différence.		95	millions

Le système protecteur coûte donc moins cher et produit 95 millions de plus ; autant à ajouter à notre actif.

Ce n'est point par amour de la protection que nous proposons le rétablissement des tarifs douaniers ; mais que l'on ne s'y trompe pas ; ce n'est pas uniquement pour prendre sa revanche que l'Allemagne a envahi la France, l'a dévastée, et prétend consommer sa ruine en lui faisant payer une contribution écrasante ; l'Allemagne occupait le troisième rang, parmi les nations industrielles de l'Europe ; elle venait immédiatement après la France qui suivait l'Angleterre. Aujourd'hui, elle espère occuper le deuxième rang, et elle compte prendre bientôt le premier. L'Allemagne possède la houille et le fer, comme l'Angleterre ; la main d'œuvre y est moins chère que ne l'était la nôtre, moins chère encore que celle de l'Angleterre; les cinq milliards que nous allons lui compter lui permettront de refaire et de compléter son outillage industriel; elle s'est approprié tous les procédés de l'Angleterre et les nôtres; elle va les appliquer. Avant dix ans, l'Angleterre déplorera la faute que lui a fait commettre son égoïsme mercantil. Tandis que tous les Etats de l'Europe — grands et petits — assistaient, avec une apparence désintéressée, au duel à mort des deux premières puissances militaires, l'Angleterre y voyait en outre la ruine de l'industrie française, la seule qui lui fit ombrage.

En faut-il une preuve? — L'Angleterre proteste contre la déclaration du traité; l'Allemagne le réclame pour elle.....

Fermons nos marchés à ces deux rivales; laissons-les se faire une guerre industrielle et commerciale, jusqu'au moment où elles en appelleront aux armes. Recueillons-nous, travaillons pour réparer nos pertes et nos ruines: La France et l'Algérie peuvent et doivent se suffir l'une à l'autre, l'une par l'autre. Trève aux rancunes personnelles, aux récriminations du passé, trève à toutes nos discordes intérieures. Unissons-nous dans la paix et dans une confiance réciproque; et nous deviendrons bientôt un objet d'envie pour tous ceux qui ont cru assister à notre ruine, et à notre anéantissement.

Voilà la revanche que nous rêvons pour la France républicaine.

Nous résumons en un tableau synoptique les chiffres que nous venons de poser.

Créances hypothécaires

Capital.		revenu à 5 pour 0/0.		contribution 10 pour 0/0.
10 milliards.	—	500 millions.	—	50 millions.

Dette publique

35 milliards.	—	1050 millions	—	105 millions.

Valeurs industrielles

59,5 milliards — 2975 millions — 297,5 millions.

Echanges commerciaux

à 33 pour 0/0 à 0,05 pour 0/0

45 milliards. — 1500 millions. — 22,5 millions.

Douanes

» » 95 millions.

Total de la contribution. . . . . . . 575 millions.

Somme plus que suffisante pour assurer le service de la rente.

Pour assurer l'amortissement du capital à rembourser, nous ne chercherons pas une autre matière imposable ; en place de créer de nouvelles contributions, nous proposons de diminuer les dépenses actuelles, en réduisant les armées de terre et de mer et celles des fonctionnaires civils, non moins coûteuse. Il faut croire aussi que, la République donnant enfin satisfaction à l'opinion publique qui n'a cessé de réclamer, avec une énergie croissante, la séparation de l'Eglise et de l'Etat, le ministère des cultes cessera d'être inscrit au budget générel de la France, ainsi que l'Algérie, qui désormais saura se suffire.

Le fonctionnarisme et le militarisme sont les deux cancers de la fortune publique ; et pourtant les grades inférieurs de l'armée et les petits emplois ne sont pas suffisamment rétribués. Qu'on nous permette d'indiquer une mesure que nous avions pu faire adopter dans une compagnie industrielle, et qui produisit d'excellents résultats aussi longtemps qu'elle fut appliquée et suivie :

« Réduire le nombre des employés à celui strictement nécessaire, et consacrer à l'augmentation des petits traitements la moitié des économies résultant des supressions.

L'application de cette mesure dans l'armée et dans les administrations civiles, combinée avec la suppression radicale des dépenses inutiles, et la réduction de tous les gros traitements à un maximum raisonnable et suffisant, donnerait les résultats suivants :

Ministère des Cultes	— supprimé	— économie	54	millions
» d'Etat	— »	— »	3	»
de la maison imp^le	— »	— »	7	»
liste civile et accessoires	»	— »	37	»
Conseil privé et Sénat	»	— »	7	»
budget de l'Algérie	»	— »	40	»
» de la guerre	réduction 25 pour	0/0	104	»
» de la Marine	»	— »	48	»
» des Finances	»	— »	203	»
» de la Justice	»	— »	8	»
» des Affaires étrangères	—	»	4	»
» de l'Intérieur	»	— »	18	»
dotatation de la légion d'honneur réduction 50 pour 0/0	—		8	»
Total des écomies	—		541	millions.

Nous aurions voulu supprimer entièrement la dotation de de la Légion-d'honneur, parce que dans une République il ne doit exister aucune chevalerie quelconque ; mais le respect des droits acquis nous a déterminé à maintenir la moitié de cette dépense inproductive, en faveur des chevaliers nécessiteux, sous-officiers ou soldats que l'on décore, afin d'augmenter leur mince bagage, de la médaille du mérite militaire, cette décimale de la Légion-d'honneur.

La suppression de tout ordre de chevalerie étant admise en principe, les extinctions feront le reste.

Nous avons évalué toutes ces économies au plus bas, croyons-nous ; — de même que nous nous sommes placés dans les pires conditions de crédit en admettant que la rente 5 pour 0/0 ne pourrait être émise qu'à 50 francs, alorsque le 3 pour 0/0 dépasse 52, — cependant nous trouvons une somme de réductions possibles bien suffisante pour assurer le remboursement de l'emprunt que nous proposons.

L'économie de notre solution est facile à saisir, nous allons la résumer en quelques lignes.

Emettre cinq cents millions de rentes 5 pour 0[0 au taux de 50 francs, pour se procurer, dans le délai d'une année au plus, les cinq milliards que nous devons à l'Allemagne.

Assurer le service de ces rentes au moyen d'une contribution nouvelle qui frappe uniquement les valeurs mobilières et n'affecte en rien les sources du travail et de la prospérité publique ;

Assurer également l'amortissement du capital nominal des rentes émises — 10 milliards — à l'aide d'économies provenant de la réduction de toutes les dépenses inproductives, et de la supression de toutes celles qui sont inutiles.

Enfin, pour assurer le succès de ces mesures déclarer par la loi financière que la République prend l'engagement de rembourser toute la dette publique au pair.

Les 500 millions d'économies annuelles sur le budget des dépenses amortiront, en treize annuités le capital nominal de la nouvelle émission. En les consacrant ensuite à l'amortissement de celui de la dette actuelle — 25 milliards — le remboursement s'opérera en 22 ans.

Sans doute, c'est une bien lourde charge léguée à nos fils ; mais au prix de sacrifices que nous partagerions d'ailleurs avec eux, nous leur léguerions aussi la France plus belle, plus grande, plus prospère que jamais.

Renvoyons donc dans leurs foyers tous les soldats ayant plus de deux années de services, qu'ils emportent leurs armes et leur équipement ; licencions la moitié des matelots de la flotte ; — ils deviendront les moniteurs de la génération qui s'élève, tandis que l'agriculture, l'industrie et la marine marchande trouveront dans leur présence les ressources qui leur manquent

Que tous les officiers subalternes ayant plus de 20 ans de service, tous les officiers supérieurs en ayant plus de

25, soient mis à la retraite. Qu'en dehors de ces limites, tous ceux qui voudront se retirer reçoivent une année de solde ; ils trouveront à employer plus utilement pour le pays leur intelligence et leur activité.

La réduction sur le matériel de la guerre et sur celui de la marine doit être plus grande encore que celle sur le personnel des deux armées. Renonçons pour longtemps aux arts et aux occupations militaires, pour nous consacrer aux travaux de la paix. A quoi nous a servi d'avoir voulu suivre ce qu'on appelle les progrès de la science, en fait d'engins de destruction ? Notre armée de terre moins bien outillée que sa rivale, nos forteresses navales restées sans emploi. Dieu sait pourtant tout ce que nous ont coûté les innocations meurtrières, les réformes, les modifications, les améliorations scientifiques apportées dans les armes !

Chaque progrès accompli, dans l'attaque ou dans la défense, en amène un analogue dans la défense ou dans l'attaque. Lorsque Vauban imagina le tir à ricochet, on trouva le moyen d'en atténuer les effets par l'établissement des traverses. Paixchans, en dotant l'artillerie de son canon-obusier, indiquait qu'il faudrait cuirasser les navires pour les préserver de ses effets destructeurs. On l'a fait ; et l'on a imaginé bien vite des engins plus puissants, des projectiles irrésistibles. De progrès en progrès, on est arrivé aux canons Krupp et aux vaisseaux cuirassés et blindés qu'une bouteille de picrate de potasse fait sauter comme des bouchons de Champagne.

Aussi, notre flotte cuirassée, dont chaque échantillon coûte de deux à trois millions, ne nous a rendu aucun service, durant cette guerre désastreuse ; tandis que une diversion — l'invasion des duchés de l'Elbe — aurait pu nous sauver de l'invasion.

N'employons plus nos ressources, notre activité, notre intelligence à créer de nouvelles machines de destruction ; réservons-les pour les travaux productifs.

Si comme l'a dit le père Hyacinthe des Carmes déchausés, la *guerre est d'origine divine*, si *Dieu la veut, s'il l'a mise parmi les animaux de la terre, les oiseaux du ciel, et les poissons de la mer ; si Dieu entretient là-haut des armées, sous le commandement de l'Archange Michel* ; s'il est vrai que le créateur n'obtint la victoire contre Satan et ses compagnons de révolte, qu'après avoir perdu *la trosième partie des étoiles du ciel*, (1) on peut espérer qu'un jour il nous permettra de prendre une revanche éclatante : mais nous n'en dirons pas moins aux impatients : l'Allemagne, s'est recueillie durant un demi-siècle, pour préparer la sienne, — elle a été terrible, — imitons l'Allemagne ; et lorsque nous aurons réparé tous nos malheurs, relevé toutes nos ruines, alors il sera temps : Notre heure sera venue.

---

(1) Citations empruntées aux Pamphlets d'un Franc-parleur, par Siebeker.

V

COLONISATION

> Désormais les colons sont appelés à se gouverner et à s'administrer eux-mêmes A eux de prouver qu'ils en sont dignes, en cessant de demander, comme sous le régime antérieur, les secours de l'Etat pour les besoins de leur propre développement. Faisons de nous-mêmes : c'est le moyen de rester les maîtres de nos destinées.
>
> Dr A. WARNIER.
>
> *L'Algérie et les victimes de la guerre*, p. 58.

Nous prenons acte de ces paroles, surtout des dernières : « Faire par soi-même est le moyen de rester maître de ses destinées. » Malheureusement, les prémisses de M. Warnier ne sont pas en harmonie avec sa conclusion! car pour une œuvre toute spéciale de la colonisation, comptant toujours sur les subsides de la France, il prélève sur le budget ordinaire de la colonie une somme annuelle de 2 millions de francs, pendant les années 1871, 1872, 1873, et 12 millions sur le budget extraordinaire de 1871. Et, pour ne laisser aucun doute sur la nature des ressources où il puise à pleines mains, il ajoute :

" Nous aimons à croire que le gouvernement de la " République, juste appréciateur des services que lui " rend l'Algérie, en se chargeant des malheureuses victimes de la guerre, lui continuera, au moins pendant " trois ans, les dotations du régime impérial. " (Page 23.)

D'autre part, nous sommes loin de partager l'optimisme de M. Warnier, et nous n'apercevons pas en quoi et pourquoi " désormais les colons sont appelés à se " gouverner et à s'administrer eux-mêmes. "

Serait-ce parce que nous avons six représentants, dont trois sont encore à remplacer ? Des conseils généraux et municipaux élus par le suffrage universel, — avec des préfets et des maires choisis et nommés par le pouvoir exécutif de la métropole ? Serait-ce enfin parce que nous avons un gouverneur CIVIL (1), — avec un commandant supérieur des forces de terre, et un autre commandant supérieur des forces de mer.

Tout cela est bien différent de l'autonomie administrative que M. Warnier désire, que nous réclamons et que nous ne cesserons de réclamer, parce que seule elle peut résoudre le problème de la colonisation sans aucun frais pour la France.

L'Algérie lui coûte aujourd'hui 40 millions chaque année : si nous admettions les renseignements recueillis par un ancien fonctionnaire (2), l'impôt arabe suffirait pour une dépense deux fois plus considérable.

Suivant ses supputations, en effet, la zekka pourrait

produire	54	millions.
l'achour	22	—
le loyer des terres arch.	43	—
TOTAL.	119	millions.

(1) Ce n'est pas un gouverneur CIVIL qu'il nous faut, mais un gouvernement CIVIL.

(2) *Le nœud gordien de l'Algérie.* — Constantine, 1871.

En en abandonnant neuf, comme l'indique l'auteur, pour les frais de perception, et tout le produit de l'okor pour les non-valeurs éventuelles, il resterait encore 110 millions pour le produit net de l'impôt en pays arabe.

Nous nous garderons bien de nous en tenir à ces évaluations, — contestables, peut-être, mais qu'on ne manquerait pas de contester ; — c'est à d'autres sources que nous puiserons, pour combler le déficit que laisseraient, sur 40 millions de dépenses, les 15 ou 18 millions que produit, bon an mal an, l'impôt arabe.

Le budget général de l'Algérie, pour l'exercice 1878, s'élevait à 39.724.986
il se divisait en dépenses ordinaires. . 14.809.220
et dépenses extraordinaires. 24.915.766

Nous le, prenons pour type, et, sous la réserve, l'autonomie permettra de réduire de moitié les dépenses ordinaires de la colonie, — nous en acceptons l'ensemble, soit :

15 millions pour les dépenses ordinaires et 25 millions pour les dépenses extraordinaires, en comprenant, dans ce dernier chiffre, l'annuité de 3,933,000 fr. due à la Société générale algérienne, que la colonie s'engagerait à payer jusqu'à complet amortissement des 100 millions avancés par cette société, et qui ont *dû* y être dépensés en travaux publics (3).

Quant à la répartition de cette somme de 40 millions, nous nous permettrons seulement de recommander à ceux dont ce sera l'affaire, de réduire toutes les dépenses improductives et de supprimer toutes celles qui sont inutiles, — tout en améliorant le sort des employés subalternes, — et de consacrer la plus grande somme possible aux travaux publics et à l'instruction publique, afin de la rendre gratuite à tous les degrés.

Il s'agit donc d'assurer, au moyen de ressources pro-

(3) Le dernier versement, 16,666,666 fr., doit être effectué le 18 mai 1874.

pres à l'Algérie, une recette annuelle de 40 millions de francs : l'impôt foncier suffira.

Nous en avons déjà prouvé la légitimité ; tout en désapprouvant la façon dont il est assis en France : nous pensons que ce mode de répartition serait d'une application plus fâcheuse encore, en Algérie, moins équitable et plus coûteuse.

Nous avons également démontré la légitimité et l'opportunité d'une contribution sur les créances hypothécaires et sur les titres mobiliers de toute nature : nous la réclamons en Algérie, comme pour la France.

En France, l'impôt foncier est proportionnel au rendement brut présumé de la propriété ; cette taxation, disons-nous, aurait de graves inconvénients en Algérie.

En effet, la vigne est une culture des plus riches, — si ce n'est la plus riche, — elle est aussi la plus coûteuse : il est constant que pour créer un vignoble, en Algérie, il faut dépenser une moyenne de 2,000 fr. par hectare. La vigne sera donc cotée beaucoup plus haut que la terre en friches. Eh bien, celui qui aura dépensé 500, 1,000, 2,000 fr. par hectare pour rendre sa terre productive, pour lui donner une plus-value réelle, celui-là paiera un, deux, trois, ou plus encore, tandis que le voisin, concessionnaire à titre gratuit ou acheteur à vil prix, qui laisse la sienne en friches ou la loue aux Arabes, ne paiera rien ou presque rien. Est-ce là une répartition équitable ? Poser la question, c'est la résoudre.

Le loyer de la terre exploitée par des Européens est environ de 40 francs par hectare, tandis que le prix de location aux Arabes ne dépasse pas 10 francs ; la cote foncière serait donc quatre fois plus lourde à celui qui a consacré son activité, son temps et sa fortune à la colonisation, que pour l'absentéiste qui jouit sans produire et sans consommer.... Mais s'il y a une différence à faire, elle devrait être en faveur du premier.

La culture européenne, celle des céréales, obtient un rendement qui peut varier de 18 à 25 fois la semence ; tandis que l'Arabe n'obtient pas au-delà de 6 à 8 : la propriété européenne, c'est-à-dire la colonisation, serait donc grevée deux ou trois fois plus que la propriété arabe.

Ainsi, quelle que soit la manière d'en envisager les résultats, — au point de vue de l'équité comme dans l'intérêt de la colonisation, — la cote proportionnelle au rendement serait d'une application injuste et fâcheuse en Algérie.

L'impôt superficiel, au contraire, pousse à la production, en obligeant le spéculateur éhonté à mettre en rapport une terre improductive, dont le prix de revient augmentera chaque année du coût de l'impôt.

Il force l'absentéiste à préférer le colonage européen à à la location arabe, en lui faisant payer la même cote quel que soit le prix du fermage.

Il oblige également le propriétaire indigène à mettre toutes ses terres en rapport, en taxant au même prix celles en friches et celles cultivées. Il le déterminera peut-être à adopter les procédés de culture qui lui assureront un rendement plus avantageux et pour lequel il ne paiera pas plus cher. Tout au moins, il cherchera à louer aux Européens les terres qu'il ne pourra pas faire cultiver par ses krammès.

L'impôt superficiel a, de plus, l'avantage d'une répartition facile, rapide et économique. Si on le veut bien, le Tell tout entier peut être cadastré avant la fin de l'année, en opérant d'abord par douar ou par tribu, sauf à reprendre, l'année suivante, les opérations de détail en territoire arabe. On procéderait de même pour la région des steppes et pour le Sahara algérien.

Nous proposons de l'adopter en Algérie et de l'appliquer sans délai.

Les 66 millions d'hectares — nombre rond — dont se compose le territoire algérien, se divisent en :

14 millions d'hectares de terres cultivables — le Tell ;

11 millions d'hectares de parcours, pâturages — Steppes ;

41 millions d'hectares de terres impropres à la culture européenne — Sahara ;

Le Tell, taxé à 2 fr. 50 l'hectare, donnerait 35,000,000 ;

Les Steppes, taxés à 1 fr. 50 l'hectare, donneraient 16,5000,000;

Le Sahara, taxé à 0 fr. 25 l'hectare, donnerait 10,250,000.

Soit 61,750,000 francs, somme inférieure à la moyenne du rendement officiel de l'impôt arabe — 18 millions, — et des évaluations que nous avons jugées contestables — 110 millions.

Nous devons néanmoins justifier nos chiffres : ils n'ont pas été choisis arbitrairement.

En France, la taxe de l'impôt foncier est de 10,4 pour cent du rendement présumé (5 pour cent au principal, et 5,4 pour cent en centimes additionnels, — fonds communaux et départementaux). A ce prix, une propriété algérienne de 100 hectares, affermée à raison de 40 fr. l'hectare, soit 4,000 fr. net, devrait 416 fr. à l'impôt français ; tandis qu'elle ne devra que 250 fr. à l'impôt algérien.

En évaluant à 20 fr. le rendement d'un hectare dans les steppes, l'impôt français prélèverait 218 fr. sur une propriété de même contenance ; tandis que la taxe algérienne ne la grèvera que de 150 fr.

Enfin, les 25 centimes dont sera grevé l'hectare dans la région saharienne, en portent le rendement brut à 2 fr. 40. Où trouver une terre assez ingrate, roches, pierre ou sables (1), qui ne puisse produire 2 fr. 40, si elle est exploitée avec intelligence ?

On ne manquera pas d'objecter que l'impôt superficiel, ne tenant aucun compte de la qualité des terres, ne sera pas plus équitable : ainsi, deux fermes d'une même conte-

(1) A Ismaïlia, au milieu des sables de l'isthme de Suez, nous avons vu cultiver des fleurs, des fruits et des légumes. Nous y avons récolté, dans notre jardin de sable, des fraises, des patates et du raisin cueilli sur des ceps que nous avions plantés en sarments dix-huit mois auparavant.

nance, mais ayant coûté ou valant dix fois plus l'une que l'autre, par suite de la nature du sol, seraient également imposées. L'objection est sérieuse et elle serait fondée si nous n'avions pas tenu compte de cette différence.

Voici notre réponse :

La taxe de 2 fr. 50, dont nous proposons de frapper l'hectare dans le Tell, est proportionnée au rendement supputé à 40 francs ; ce dernier chiffre est lui-même une moyenne de l'ensemble de la propriété, lorsqu'elle est exploitée par des Européens. Il est constant, en effet, que l'hectare de prairie naturelle est affermé plus de 40 fr. ; la vigne et les terrains maraîchers sont payés plus cher encore ; tandis que les terres à blé, les pâturages et les broussailles sont loués à des prix inférieurs.

D'autres objecteront également qu'il n'est pas juste d'établir une taxe uniforme pour le territoire arabe et pour celui exploité par les Européens, puisque la production n'est pas égale ; on dira aussi que la population indigène paiera beaucoup plus dans cette combinaison : 27 millions au lieu des 18 millions qu'ils payent aujourd'hui.

Il faut pourtant faire un choix entre la colonisation et le royaume arabe. Pourquoi faut-il au barbare nomade quarante fois plus de terre qu'à l'homme civilisé ? Est-il bien démontré, d'ailleurs, que les 18 millons, produit de l'impôt arabe, ne coûtent pas beaucoup plus aux contribuables ?

Nous maintenons donc notre proposition d'établir l'impôt superficiel, dont le produit brut serait

de.	61.750.000
les dépenses s'élevant (budget de 1870) à	39.725.986
reste en excédant.	22.025.014

En abandonnant 2 millions pour frais de perception et non-valeurs, et cinq autres, à raison de 2 fr. 50 l'hectare, pour tout l'immeuble domanial, que l'on ne saurait évaluer à moins de deux millions d'hectares ; l'excédant net serait réduit à 15 millions de francs.

Que l'on y joigne la moitié du produit net des douanes, de la poste, de l'enregistrement et du timbre ; tout celui de l'impôt à créer en Algérie comme en France sur les titres mobiliers et sur les créances hypothécaires ; enfin les économies immédiatement réalisables sur le budget des dépenses, et nous n'exagérerons pas en portant le chiffre total de l'excédant à 20 millions de francs.

Nous devons répondre, dès à présent, à une objection qui nous a déjà été faite et qui ne manquera pas de se reproduire : L'impôt sur les créances hypothécaires ne fera qu'élever le taux du prêt, et c'est encore la propriété qui sera grevée d'autant.

Nous demandons, nous, quel est l'immeuble, quel est le titre, dont le propriétaire ou le détenteur n'élève pas le prix de location, lorsqu'il peut le faire impunément, en raison de toute la contribution dont il est grevé ? Lequel des deux, du propriétaire ou du fermier, supporte et paie l'impôt foncier ? Le prêt hypothécaire se trouve même dans une position moins favorable à cet égard, parce qu'il est limité, dans ses prétentions, par les tarifs du crédit foncier.

Nous réclamons donc au profit de la colonie, et comme un corollaire de la contribution foncière, l'établissement d'un impôt sur toutes les créances hypothécaires qui grèvent la propriété algérienne et sur tous les titres mobiliers algériens.

Dans toute exploitation dirigée avec intelligence, dans les familles où l'ordre et l'économie sont des nécessités, les dépenses se règlent sur les produits ou sur le revenu. Nous ne savons pas pourquoi, — sauf dans des situations exceptionnelles, comme celle où se trouve la France, — nous ne savons pas pourquoi le budget des recettes d'un Etat se mesure, au contraire, sur celui des dépenses. On nous permettra de renverser, en Algérie, les habitudes budgétaires des Etats européens.

Sans rien prendre aux 25 millions du budget extraordinaire, — parce que, dans notre pensée, ils doivent être entièrement dépensés aux travaux publics, — nous nous trouvons avec un excédant de 20 millions. L'Assemblée coloniale prélèvera d'abord la somme nécessaire aux travaux d'un intérêt général ; le surplus sera laissé à la disposition des conseils des trois provinces, — proportionnellement à leurs apports — pour constituer le fonds commun de chacune d'elles. Le fonds commun de la province s'augmentera par la vente des terres de son domaine et par la concession, — toujours à titre onéreux — des mines, carrières, eaux thermales et eau d'irrigation, dont le produit sera partagé avec les communes rurales.

Les communes urbaines trouveront, dans l'impôt des patentes, dans la taxe des loyers, et dans tous les produits municipaux, des recettes plus que suffisantes pour faire face à toutes les dépenses d'une édilité intelligente et économe.

La commune algérienne, disposant de ses ressources propres, se suffisant à elle-même, enrichie par la vente de ses terres domaniales, par la concession de ses richesses naturelles, ne sera pas cet être misérable, impuissant, comme il s'en trouve parmi les 36,000 communes françaises, pouvant à peine se donner la trinité de l'instituteur, du secrétaire et du bedeau en une seule et même personne. Elle sera indépendante, parce qu'elle n'aura besoin d'aucun subside, d'aucune munificence administrative, d'aucune protection du seigneur de l'endroit.

La colonisation alors se fera d'elle-même, lorsque la commune, la province et la colonie entière, agissant chacune dans sa sphère avec ensemble, consacreront leurs excédants, mais rien que les excédants, à l'exécution de chemins vicinaux, de routes et de chemins de fer qui concourront autant à la sécurité qu'au progrès et au développement de l'agriculture, du commerce et de l'industrie.

Après la grande insurrection de l'Inde, l'Angleterre comprit ce qu'elle avait à faire et se mit à l'œuvre sans perdre de temps. Aujourd'hui, quelques jours suffisent pour se rendre de Calcutta à Bombay, par une voie de fer, tandis que les courriers les plus rapides, ceux encore que les tigres laissaient arriver, perdaient six semaines à faire le même trajet.

Des routes et des chemins de fer surtout, voilà ce qui manque à l'Algérie : voilà ce que nous devons faire sans plus tarder.

Des terres aussi nous manquent... l'insurrection va nous en donner, — il faut l'espérer, — que nous pourrons livrer à bas prix à l'immigration européenne.

Des terres à prendre immédiatement, des routes pour les débouchés et les arrivages, des chemins de fer pour la sécurité, pour la rapidité des communications, et l'ouvrier des corps de métiers viendra, le cultivateur viendra parce qu'ils trouveront ici des terres et un travail rémunérateur, parce qu'ils respireront en Algérie l'air pur et fortifiant de la liberté.

Mais ils ne viendront qu'à ces conditions-là.

Alger. — Imprimerie Juillet St-Lager, libraire-éditeur.

1871

ANCIENNE MAISON DUBOS FRÈRES

JUILLET St-LAGER successeur

Représentant de la maison OBERTHUR et fils de Rennes.

2, Rue Bab-Azoun, 2

ALGER

Afrique du Nord (l') par Jules Gérard. 1 vol. in-12, illustrations de J.-A Beaucé. 3 fr. 50

Album de l'arabisant, ou *Recueil choisi d'autographes arabes* suivis d'une transcription textuelle pour initier à la lecture des manuscrits ; par D. Roux directeur d'une école arabe-française à Alger in-8 oblong. 2 fr. 50

Alger (plan de la ville d'), à l'échelle du 0,001 par 5 mètres, gravé par Erhardt 3 fr.

Algérie (l'), d'après les cartes de l'Etat-major et des documents du Ministère de la guerre au 1/1,100,000e, par Andriveau-Goujon, *Paris*. 2 feuilles. 10 fr.

Algérie (l') dressée au 1/400,000e, par A.-H. Dufour, géographe. *Paris*, 1869. 1 feuille grand-aigle, coloriée. Prix en feuille, 4 fr.; collée sur toile et étui. 7 fr.

Alphabet arabe, *ou éléments de la lecture et de l'écriture arabe*, par J. Cadoz in-18. 50 c.

Anecdotes musulmanes (texte arabe), ou *Cours élémentaire d'arabe*, contenant une série d'anecdotes tirées des auteurs musulmans, suivi d'un Dictionnaire analytique des mots, des formes et des idiotismes contenues dans le texte, par M. CHERBONNEAU, Directeur du Collége arabe-français, etc, 1 vol. in-8. 5 fr.

Cartilla y Silabario para la instruccion de primeras letras. 50 c.

Chasses de l'Algérie et *notes sur les Arabes du Sud*, par le général A. MARGUERITTE; 2e édit. 1 vol. in-12. 3 fr. 50

Chevaux du Sahara (les), par le général DAUMAS. 1 vol. in-12; nouvelle édition. 3 fr.

Chrestomathie arabe. Lettres, actes et pièces diverses, avec la traduction française en regard, avec des notes et des observations. Suivie d'une notice sur les successions musulmanes, et d'une concordance inédite des calendriers grégorien et musulman. 2e édition, par M. BRESNIER. Bel in-8 orné d'un magnifique titre arabe, or et couleurs. Alger. Bastide. 9 fr.

Civilité musulmane ou mœurs, costumes et usages des Arabes par F. CADOZ, in-18° 1 fr. 50

Conjugaison arabe *traité méthodique*, (de la) dans le dialecte algérien, par A. CHERBONNEAU. 12 cart. 2 fr. 50

Cours pratique et théorique de langue arabe, renfermant les principes détaillés de la lecture, de la grammaire et du style, ainsi que les éléments de la prosodie, accompagné d'un *traité du langage arabe usuel* et de ses diverses dialectes en Algérie, par BRESNIER. 2e édition Bel in-8, orné d'un joli titre arabe, or et couleurs. 12 fr.

Cours d'arabe vulgaire, par M. GORGUOS, professeur d'arabe au Lycée d'Alger :

1re partie : 1° *Eléments de grammaire arabe*; 2° *Thèmes avec Vocabulaire français-arabe.* 1 vol in-12, cart, 3 fr.

Le même ouvrage suivi de la traduction en arabe pes thèmes contenus dans le volume. in-12. 5 fr.

2e partie : 1° *Versions arabes;* 2° *Vocabulaire arabe-français.* 1 vol. in-12. 4 fr.

Le même ouvrage suivi de la traduction en français des versions contenues dans le volume in-12. 5 fr.

Description d'Alger et de ses environs, (extrait de l'*Indicateur général de l'Algérie*), accompagnée d'un *plan* et d'une *Carte*, dressés par M. O. Mac Carthy, 1 vol. in-18 jésus broché. 2 fr. 50 c.

Dialogues *à l'usage des fonctionnaires et des employés de l'Algérie*, par A. Cherbonneau, Directeur du Collége impérial arabe français. Alger, 1 vol. in-8. 6 fr.

Dialogues arabes élémentaires destinés aux Français qui habitent l'Afrique, par Cotelle. Alger. In-8. cart. toile. 2 fr. 50

Dictionnaire arabe-français, contenant toutes les racines de la langue arabe, leurs dérivés, tant dans l'idiôme vulgaire que dans l'idiôme littéral, ainsi que les mots des dialectes d'Alger et de Maroc, par M. Kazimirski, traducteur du Coran, etc., avec un vocabulaire des termes de marine et d'art militaire, en arabe et en français 2 forts vol. grand in-8. 105 fr.

Dictionnaire français-arabe des dialectes vulgaires d'Alger, d'Egypte, de Tunis et du Maroc, par M. J.-J Marcel, ancien Directeur général de l'imprimerie en Egypte, et de l'imprimerie à Paris. 2me édition. 1 vol. in-8, relié. 10 fr.

Dictionnaire français-arabe (idiôme parlé en

Algérie), par M. Ad. PAULMIER, ancien conseiller à la Cour d'Alger, 1 gros vol. in-12, toile. 9 f.

Dictionnaire de poche français-arabe et arabe-français à l'usage des militaires et des voyageurs en Afrique, par L. et H. Hélot. 1 vol. in-18 cart. toile. 5 fr.

Dictionnaire de la législation algérienne, code annoté et manuel raisonné des lois, ordonnances, décrets, décisions et arrêtés *publiés au Bulletin officiel des actes du gouvernement*, suivi d'une table alphabétique des matières et d'une table chronologique des lois, décrets, etc., 1830-1865, par M. P. DE MÉNERVILLE, Président à la Cour d'appel d'Alger. 2 vol. grand in-8. 25 fr.

Dictionnaire du commandement et de l'administration des corps de troupes de toutes armes, par F. LOUIS, analyse des règlements militaires et des matières insérées au *Journal militaire officiel*, accompagnée d'une Table méthodique dans laquelle les articles du Dictionnaire sont groupés dans un ordre clair et précis, avec un Appendice comprenant les modifications apportées aux règlements militaires pendant le cours de l'impression, jusqu'au 31 décembre 1864. 1 vol. grand in-8 (jésus) compacte, à 2 colonnes, avec de nombreux modèles de Registres. Etats, Carnets, Bordereaux, etc. Ouvrage honoré des souscriptions de S. E. le Ministre de la Guerre de France, et de M. le Ministre de la Guerre de Belgique. Broché. 15 fr.

Environs de villes d'Algérie, gravure sur pierre, au 200,000e. (*Dépôt de la guerre.*)

ALGER, 1856, 1 feuille.
BONE, 1851, 1 feuille.
CONSTANTINE, 1851, 1 feuille.
ORAN, 1855, 1 feuille.
ORLEANSVILLE, 1855, 1 feuille.

Fables de Lokman (texte arabe), suivi d'un Dictionnaire, par A. CHERBONNEAU, Directeur du Collége arabe-français d'Alger. 1 vol. in-12. cart. 1 fr. 50

Le même ouvrage, expliqué d'après une méthode nouvelle, par deux traductions françaises : l'une littérale et juxta-linéaire. l'autre correcte et précédée du texte arabe. avec un Dictionnaire analytique des mots et des formes difficiles qui se rencontrent dans les fables de Lokman. 1 vol. in-12. 3 fr.

Flore murale du Tombeau de la Chrétienne (province d'Alger) par P. Jourdan.

Fourberies de Delilah (les), conte extrait des *Mille et une Nuits*, ponctué à la manière française et accompagné de l'analyse grammaticale des mots et des formes les plus difficiles, par A. Cherbonneau. 1 vol. in-12. 1 fr. 50

Grammaire arabe (Idiôme d'Algérie), à l'usage de l'armée et des employés civils de l'Algérie, par Alexandre Bellemare, suivie des formules de la civilité arabe, etc.; 3e éd adoptée par l'Université. 1 vol. in-8. 3 fr. 50

Grand désert, (le) *du Sahara au pays des nègres* par le général Daumas et A de Chancel. 4me édition. 1 vol in-12. 1 fr. 25

Histoire de Chems ed-dine et de Nour ed-dine, extraite des *Mille et une Nuits*, ponctuée à la manière française et accompagnée de l'analyse grammaticale des mots et des formes les plus difficiles par A. Cherbonneau 1 vol. in-12. 1 fr. 50

Histoire de Djouder le pêcheur, texte arabe, extraite des *Mille et une nuits*, accompagnée d'un vocabulaire par ordre de racines, etc, par O. Houdas, professeur à la chaire d'arabe d'Oran 1 vol. in-12 cart. 3 fr.

Histoire de l'Algérie ancienne et moderne,

depuis les temps les plus reculés jusqu'en 1853, par L. Galibert ; nouv. édit., illustrée par Raffet, avec une carte de l'Algérie. 1 beau vol. grand in-8. 18 fr.

Indicateur général de l'Algérie, par V. Bérard. *Description géographique et statistique de toutes les localités comprises dans les trois provinces* ; avec 4 cartes et 2 plans, dressés par M. O. Mac Carthy. 1 vol. in-18 jésus, relié toile, 6 fr.

Itinéraire historique et descriptif de l'Algérie, comprenant le Tell et le Sahara, par L. Piesse 1 vol. in-12, accompagné de cartes, relié à l'anglaise. 12 fr.

Itinéraires des routes de l'Algérie avec l'indication des étapes, grand'haltes, caravansérails, lieux habités et de ressources en vivres, eau, bois fouillages, etc... publiés d'après les documents officiels recueillis par le service topographique. Alger. Bastide 1868. 3 fr.

Kabylie (la Grande), gravure sur pierre, au 200,000e 1855. 1 feuille, revue en 1867.

Koran (le), traduction nouvelle, faite sur le texte arabe, par Kazimirski, avec notes, préface et commentaires du traducteur. 1 vol. in-12. 3 fr. 50

Lettres sur l'Algérie, publiées dans *la Gironde* par A. Dupré, avocat à la cour d'appel de Bordeaux, in 12 br. 2 fr.

Manuel de l'éducateur de vers-à-soie en Algérie, par E. Labat père, 1 volume format anglais. 1 fr.

Manuel du sapeur-pompier, à l'usage spécial des villes et des campagnes, par le colonel de Plazanet, ancien élève de l'école polytechnique, ex commandant des sapeurs pompiers de la ville de Paris. 1 vol., 18 planches. 2 fr.

Mystères (les) du peuple Arabe par Ch. Richard. 1 vol. in-8. 3 fr. 50

Principes élémentaires de la langue arabe, ouvrage théorique et pratique. contenant les règles et les faits les plus caractéristiques de la lecture, de l'écriture, du langage, de la grammaire et de la métrique par J. Bresnier, Alger. Bastide. in-12 broché 4 fr.

Carte de la province d'Alger, 1|400,000ᵉ. (Dépôt) 1867. 2 feuilles. 10 fr.

Carte de la province d'Oran. Id. 10 fr.

Carte de la province de Constantine. Id. 10 fr.

Procès du massacre de l'Oued Mahouine, plaidé devant le 1ᵉʳ Conseil de guerre de la division de Constantine 2 vol. in-12. 7 fr.

Secrétaire algérien (le), *ou le secrétaire français arabe de l'Algérie*, contenant des modèles de lettres et d'actes sur toutes sortes de sujets; un recueil de proverbes, des explications grammaticales, etc., par F Cadoz, 1 vol. in-18 1 fr. 50

Théories d'infanterie.

Théories d'artillerie.

Voyage en Algérie, par C. Carteron. — Tous les usages des Arabes, leur vie intime et intérieure, ainsi que celle des Européens dans la colonie. 1 vol in-12 br. 3 fr.

Nouvelles publications

ALMANACH ALGÉRIEN pour 1871. 50 c.

BULLETIN de la Société d'agriculture d'Alger, (14ᵉ année).

CONSEILS HYGIÉNIQUES aux colons par le docteur Miergues. 50 c.

EDIFICES RELIGIEUX de l'ancien Alger, par Albert Devoulx. in-8. 4 fr.

MANUEL ALGÉRIEN pour 1871, par Paul Blanc. 75 cent.

NOUVELLE ORGANISATION militaire de la France par C. Lenoux. 1 fr. 50

NOEUD-GORDIEN de l'Algérie (le). Quelques moyens pratiques, par un ancien fonctionnaire. in-8. 1 fr. 25

PHYSIOLOGIE DE LA TRIBU après 40 ans d'occupation, suivie d'un projet d'organisation par A. Pelletier. 1 fr.

LES SPAHIS ET LES SMALAS, par Frédéric Simon. in-8. 50 c.

Un mot sur l'administration des Indigènes par un colon des Territoires militaires. 0 fr. 50

Collection des publications des éditeurs de Paris.

IMPRIMERIE TYPOGRAPHIQUE

Impressions en tous genres. — Labeurs. — Mémoires. — Ouvrages de ville. — Imprimés d'administration. — Billets de parts. Naissances. — Mariages. — Décès.

ATELIER DE RELIURE

Reliures en tous genres. — Collage et vernissage de cartes. — Encadrements. — Cartons de bureaux. Registres de toutes sortes.

Photographies. — Cartes géographiques. Cartes à jouer. — Cartes de visites gravées et à la minute.

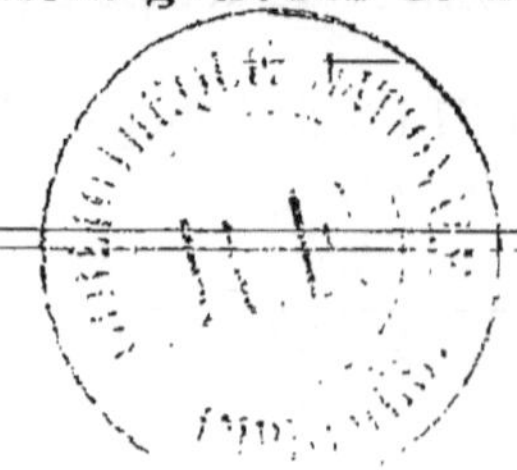

www.ingramcontent.com/pod-product-compliance
Lightning Source LLC
LaVergne TN
LVHW020436230826
846091LV00004B/1510

* 9 7 8 2 0 1 3 5 8 6 1 5 3 *